JN440018

자리 있어요

자리 있어요

초판 1쇄 인쇄 | 2025년 09월 15일
지은이 | 오기환
펴낸이 | 이재욱(필명:이승훈)
펴낸곳 | 해드림출판사
주 소 | 서울 영등포구 경인로82길 3-4(문래동1가 39)
센터플러스빌딩 1004호(07371)
전 화 | 02-2612-5552
팩 스 | 02-2688-5568
E-mail | jlee5059@hanmail.net

등록번호 제2013-000076
등록일자 2008년 9월 29일

ISBN 979-11-5634-647-0

자리 있어요

오기환 수필집

해드림출판사

수필가의 말

요즘 체중이 많이 줄고 시력도 나빠졌다. 책을 읽거나 글을 쓸 때 여간 힘 드는 게 아니다. 병원에서 검사를 해도 건강한 편이라고 한다. 그러면 책을 읽을 수 없을 정도로 잘 보이지 않느냐고 물으면 두고 보자며 말끝을 흐린다. 자구책으로 보양에 힘쓰며 노인이나 시력이 좋지 않은 이들이 독서할 수 있도록 만든 큰 글자 책을 사서 읽고 있다.

일주일에 한두 번은 가고 싶었던 곳이나 한 번 더 가보고 싶은 곳을 찾아다닌다. 시력이 나빠진 뒤부터는 이정표도 잘 보이지 않아 이도 중지하고 있다. 대신 책 한 권 들고 동네에서 가까운 길을 걷는다. 전에는 여럿이서 먼 길을 다녔고 낯선 사람들과 어울리기도 했지만, 지금은 혼자서 가까운 길을 되짚어 걷고 또 걷는다. 밖에서 안으로 걷는 여행이다.

기차나 전철은 여러 칸을 달고 달린다. 이 칸에 자리가 없으면 다음 칸으로 옮긴다. 거기도 자리가 없으면 또 다음 칸으로. 인생도 다음 칸이 있겠지만 알지 못하고 살아간다. 샤프심이 다 달아갈 때쯤 머리를 누르면 딸칵하며 심 한 칸이 밖으로 나온다. 그 심이 얼마나 남았는지 알 수 없는 것처럼 인생도 자신의 앞날이 몇 칸이 남아있는지 어쩌면 다음 칸이 없을지도 모르는 체 가고 있다.

올해로 미수米壽를 맞는다. 어찌어찌하다가 예까지 와있다. 올해 초에 몇 가지 생각해 둔 게 있다. 수필집을 내기로 했다. 저 시력으로 끙끙대면서 이 책에 팔십팔 년을 담는 마음으로, 표지도 양장으로 멋을 부렸다. 그리고 수필집을 들고 볕 좋은 가을날에 내가 나를 위한 격려의 자리를 마련하기로 했다. 동갑내기인 아내의 손을 꼭 잡고. 그리고 책 한 권 들고 다음을 향하여 걷고 또 걸을 작정이다.

2025년 가을

수필 쓰는 오기환

차례

2부 누군가가 일으켜 준다면

3부 가난하다고 해서 사랑을 모르겠는가

4부 이태원역 1번 출구

5부 자리 잡기

제1부
목숨 걸만큼 소중한 존재

팔랑개비 마을

평창에 있는 태기산을 가는 중이다. 자동차가 원주를 지나면서 산천은 연둣빛이다. 서울은 녹색으로 바뀌었는데 여기는 아직 봄이다. 떠나는 봄을 전송하러 가고 있다. 연두색 세상에 연보라 오동나무 꽃이 드문드문 피어있다. 어렸을 때 시골집 마당에서 보았던 그 꽃을 바라보며 달린다.

해마다 봄이 오면 태기산자락에 농막을 짓고 사는 최 선생을 찾아간다. 그는 서울에 살면서 농막을 오가며 지낸다. 올해는 휴가를 얻었다며 자신의 차로 가자고 한다.

그는 평창에 자리 잡기 전에도 쉬는 날이면 한적한 들에 천막을 치고 소일하는 것이 즐거움이었다. 특히 그의 아내 고 여사는 작물 가꾸고, 나물 캐고, 밤하늘을 바라보는 것을 좋아한다. 수소문 끝에 태기산자락을 깎아 만든 배추밭이던 땅을 너 댓이 분양받아 집을 짓고 지낸다. 밭이 산이요 산이 밭이다.

고 여사가 반갑게 맞는다. 곡식이 삐죽삐죽 내미는 텃밭에 팔랑개비가 돌고 있다. 동네 여기저기서 돌고 있는 팔랑개비가 장관이다. 농막을 짓고 남은 땅에는 곡식을 심고 그 둘레에는 나무도 꽃도 심기 시작했다. 그런데 땅을 파도 지렁이가 보이지 않았다. 그 땅은 '흙의 창자'라고 불리는 지렁이가 살지 못하도록 오염되어 있었다. 들판에서 풀을 베어다 넣고 음식물쓰레기를 넣고 오줌을 모아 썩혀서 뿌리기를 삼 년 넘게 한 결과 지렁이가 꿈틀대기 시작했다.

지렁이가 꿈틀대자, 두더지가 굴을 파서 곡식의 뿌리를 갉아 먹고 땅을 망가뜨려 작물 성장에 피해가 심했다. 궁리 끝에 페트병을 쇠꼬챙이에 꽂아 팔랑개비를 만들었다. 태기산 골짜기 바람이 팔랑개비를 돌렸다. 바람 따라 세게 약하게 돌 때면 쇠꼬챙이의 진동을 느끼고 두더지가 놀라 자취를 감춘다. 무심히 바라보면 유년 시절에 만들었던 바람개비처럼 장난감 같은 팔랑개비지만 두더지 퇴치하는 기계가 바람 따라 돌고 돈다. 나는 지난해 부모님 산소에 두더지가 굴을 파서 잔디가 말라 죽는 것을 발견하고 농약을 뿌렸었는데.

지렁이가 꿈틀대는 땅에 감자, 고추… 를 심었다. 돌미나리 몇 뿌리를 묻어두면 미나리꽝이 되었다. 들깨 씨를 뿌려두면 싹이 텄다. 곰취, 명아주, 당귀도 풀과 더불어 자랐다. 햇살과 바람과 물이 이들을 키운다. 먹는 풀과 먹지 못하는 풀이 함께 자라면 주인은 분별해서 식용으로 쓰거나 거름으로 사용한다.

개울 물소리 따라 걸었다. 물소리 바람 소리 따라 걸으면 연두 잎 내음이 코를 찌른다. 당귀 잎을 꺾어 준다. 입에 넣었다. 쌉싸름한 내음이 입안 가득 퍼진다. 명아주도 꺾어 준다. 하얀 진액이 흐른다. 내 눈에는 같은 풀인데 먹는 풀과 먹어서는 안 되는 풀을 구분한다. 자연은 모두를 품는데 사람들은 구별한다. 개울가에 앉아 곰취 쌈을 싸서 먹는다. 풀내가 몸에 번지는 느낌이다. 자연과 사람이 하나 되는 순간이다. 개울가를 걷고 쌈밥도 배부르게 먹고 돌아오는 길이다. 집 앞이다. 산바람이 팔랑개비를 돌리고 있다.

우리 부모님 산소에 두더지가 또 굴을 파고 잔디를 훼손하면 나도 농약 대신 팔랑개비를 만들어 놓을 생각이다. 햇살 좋은 봄날 아버지 어머니가 손잡고 마실 오셨다가 산소 옆에 만들어 놓은 '바람이 머무는 자리'에 앉아 구경하실 것만 같다.

말이 권력인 시대

코로나19 시대를 살면서 낯선 말을 자주 듣는다. '언택트' '팬더믹' 같은 단어 등이다. 정부가 발표하는 성명서나 신문 방송에서도 자주 쓰이고 있다. 그런 말을 들을 때마다 외래어가 끼어들어 우리말을 어지럽힌다는 불만을 누르면서 사전을 찾아본다.

알고 보니 '언택트'는 외래어의 모양을 하고 있지만, 국내에서 만들어지고 유통되는 단어다. 국립국어원에서는 융합된 단어인 '언택트'를 '비대면'으로 다듬어 사용하기를 권장하고 있지만 거의 사용하지 않고 있다. 감염병 초기에는 '코호트 격리', '음압 병실', '기저 질환', '포스트 코로나', … 등 낯설고 어려운 단어를 쏟아냈다. 이런 단어를 들을 때면 소외감을 느끼면서 감염병이 더욱 무섭게 느껴졌다. 외래어 자체가 어려운데 융합해서 만든 단어가 한자어로 되어있으니 이러나저러나 우리말은 천덕꾸러기다.

세종대왕께서 '어리석은 백성을 위하여' 한글을 만드셨는데 현대의 지식인들은 '어리석은 백성들이' 알아들을 수 없는 말을 만들어 권력처럼 사용하고 있다. 정부나 언론이 이를 바로 잡기는커녕 한술 더 떠서 애용한다. 백성들은 뜻도 모르면서 나도 질세라 '언택트'니 '팬더믹'이니 하는 어려운 말은 물론 평소에도 외래어를 섞어 쓰면서 유식(?)한 척한다. 말이 권력인 시대다.

'비말'이라는 단어를 들었을 때 이해가 되지 않았다. 사전을 찾아봤다. '날아 흩어지거나 튀어 오르는 물방울'이라고 쓰여 있다. 더 어려웠다. 많은 시간이 지난 뒤에 알았지만 '비말'은 '침방울'이었다. 애초부터 침방울이라고 했으면 아이도 알아들었을 터인데 정부 관계자나 언론에서는 지금도 '비말'이라는 단어를 애용하고 있다. 이런 단어를 섞어 쓰면 유식하고 전문가집단에 속하는 것으로 인식하게 되니, 융합된 단어가 계속해서 만들어지고 너도나도 사용하게 된다. 한자어나 외래어는 고상하고 고급스럽다고 느끼는 것 같다.

우리의 역사에서 우리말을 가지고 전문적이고 학술적인 내용을 표현한 것은 오래되지 않다. 한글로 작성된 문서가 국가의 공적 문서로 인정받은 것은 갑오개혁 이후다. 그러니 '언택트' 같은 단어를 권력처럼 사용할 것이 아니라, 한국어의 표현력을 높이지 못한 과거와 현재를 반성하고 우리말 사용에 인색하지 말아야 한다. 그런데도 우리가 사용하는 말 중에도 이상한 말이 한둘이 아니다. "이 옷은 신품이세요" "이 신발은 30만 원이세요" "선생님 진료실로 들어오실게요"…. 이런 높임말을 자주 듣는다. 이와 같은 말이 널리 사용되는 것은 문법에는 안 맞더라도 손님의 심기를 불편하게 하면 불친절한 직원이 되고 손님을 잃게 되니 효과적이라는 것이라고 믿는다. 비뚤어진 세상이다.

이뿐만 아니다. 국어사전에 '당신'을 '부부 사이에서나, 또 상대편을 높여 이르는 이인칭 대명사'라고 쓰여 있다. 학생이 선생에게 곧이곧대로 '당신'이라고 부르면 버릇없다고 호통 칠 것이다. 그러니 기혼 여성을 부를 때는 '사모님'이라고 상대의 신분을 잘 모를 때는 '선생님'이라고 부풀려서 부르면 별 탈이 없다. 과거에는 남성은 '아저씨' 혹은 '사장님', 여성은 '아줌마' 혹은 '사모님'이라고 불렀지만, 지금은 성별을 불문하고 '선생님'이라고 부르는 것이 일반화되었다. '듣기 좋은 말이 부르기도 좋다'지만 어쨌든 호칭이 거품인 시대다.

이해되지 않는 것은 전문가집단이 한국에서만 쓰일 단어를 한글로 만들지 않고 영어를 융합해서 만드는 이유가 어디에 있을까? 대한민국의 미래를 한국어가 아니라 영어로 표현하는 현실을 어떻게 생각해야 할까. 우리가 사는 세상은 어찌해서 사물에도 높임말을 해야 하는 거품시대가 되었을까. 왜 이렇게 되었을까. 깊이 되새겨야 할 일이다.

오를 수 없는 나무

사람은 오를 수 없는 나무 하나쯤 마음 안에 품고 사는 것 같다. 끝까지 가보지 못한 곳, 달성하지 못한 목표를 평생 떠올리며 살아간다. 꿈이 그렇고, 직업이 그렇고, 사랑이 그렇다. '오르지 못하는 나무는 쳐다보지 말라'는 속담이 있지만 때로는 오르지 못하는 나무에 가까이 가려고 멀고 험난한 여정에 오르기도 한다.

내가 고등학교시절 신문 배달할 때 판촉용으로 십여 부를 더 주었다. 여유가 있음직한 집에 배달하고 수금하러 방문하면 "신문 넣지 말라"면서 문도 열어주지 않았다. 자동차가 있는 부잣집에 여고생이 살고 있는 것을 알게 되었다. 학교가 끝나면 구독료를 받으러 그 여학생 집 앞을 지날 때면 피아노 소리가 담 너머까지 들렸다. 영화에서나 봄직한 풍경이었다. 그 집에 신문을 넣었다. 부수를 늘리겠다는 생각보다는 매일 새로운 소식을 읽으면서 상식도 넓히고 세상 돌아가는 것도 알리고 싶었다. 내가 할 수 있는 유일한 호의였다.

그 여학생이 다니는 학교는 충남에서 명문이라고 불리는 학교였다. 게다가 집안도 부유하여 대학진학은 우선순위에 들겠지만, 나는 이미 진학을 포기하고 취업을 해야 할 처지였다. 그는 오를 수 없는 나무였다. 그러나 막연한 동경심에 내가 할 수 있는 일은 아침에 신문을 전하는 일이었다. 그런 뜻으로 그 집에는 구독료를 받으러 가지도 않았다.

하루는 신문을 대문 안으로 넣는 순간 문이 열리면서 내 손을 붙잡았다. 그리고 그동안 배달한 신문 뭉치를 안겨 주었다. 바깥이 소란스러워지자 식구들이 나왔고 그 여학생과 처음 마주쳤다. 순간 그 자리에서 움직이지 못하고 서 있었다. 거대한 벽에 가로막혀 움직일 수 없었다. 얼마 후 벽을 등지고 뛰었다. 그 여학생은 거대한 벽, 오를 수 없는 나무였다.

나는 지금도 오르지 못하는 나무에 다가가기 위해서 끝없는 길을 가고 있는지도 모른다. 가는 중에 힘들면 멈춰서서 그 나무가 자리를 지키고 있는 모습을 바라보면서. 그 나무를 먼발치로 바라보고 세월을 견디며 계속 걸어가는지도 모른다.

그런 나무가 아직도 내 안에서 자라고 있으니 능히 살아갈 힘을 주는 나무이지 싶다. 끝내 오를 수 없다 해도.

잘 우는 남자

조카가 세상을 떠났다. 영정 사진 앞에서 주저앉고 말았다. 나도 모르게 곡哭을 했다. 손수건을 꺼내 눈물을 닦았다. 눈물 몇 방울이 흘렀을 뿐이다. 슬픔이 복받치면 눈물도 나오지 않는가? 울 때는 울어야 하는데 요즘 들어서 눈물이 잘 나오지 않는다. 나이가 들수록 눈물샘도 말라가는 것 같다.

눈물은 눈에만 있는 것이 아니다. 기억에도 있고 마음에도 있다. 내 기억 속의 눈물은 열세 살 때 아버지 혼백을 안고 친척 집으로 더부살이 갈 때 흘린 눈물이다. 다리를 건널 때나 길모퉁이를 돌아갈 때는 곡을 하라고 했다. 곡하지 않으면 영혼이 길을 잃는다면서. 끊임없이 울었다. 숨을 들이쉴 때면 눈물 콧물이 얼러붙을 만큼 칼바람이 부는 날이었다. 곁방살이하면서 아침저녁으로 상식을 지낼 때도 곡했다. 안집에 들릴까 봐 소리를 죽여 가며 울어야 했다. 밥을 먹다가도 신문 배달하다가도 그냥 눈물이 났다. 그때 쏟은 눈물이 한 동이가 넘었을 거라고 어머니가 말할 정도였다. 잘 우는 소년이었다.

울음은 의도하지 않은 순간 불쑥 솟구친다. 멈추고 싶다고 해서 멈출 수 있는 것이 아니다. 어쩔 수 없이 눈물을 쏟아내는 것은 당연한지도 모른다. 그러므로 살면서 마주치는 슬픔은 억누르고 참아내야만 하는 것이 아니다. 하지만 복받치는 눈물도 참아야 할 때가 있다. 내 마음속 눈물은 어머니가 위암으로 고생하시다가 돌아가셨을 때 흘린 눈물이다. 한쪽 팔이 떨어지는 아픔이었다. 장례를 모시고 출근했다. 직원들이 "대성통곡하셨다면서요?"라며 위로의 말을 했다. 그 말속에는 평소에 "찬피동물 같다"는 소리를, 들을 정도로 냉정하기 이를 데 없는 사람이 뜨거운 눈물을 쏟았다는 게 믿기지 않는 눈치였다. 사사로운 감정도 꿈도 접어두고 가정을 꾸려가기 위하여 앞만 보고 달렸다. 마음속에 고여 있는 눈물마저 억누르고 살다가 어머니 돌아가시자 터진 것이다.

소년에게 꿈을 묻거나 장래 희망을 묻는 사람이 없었다. 꿈이 무엇이냐고 묻는다면 "쌀독에 쌀을 가득 채우는 것"이라고 말했을 것 같다. 고등학교 때 국어 선생님이 "시나 소설을 써 보라"라고 했다. 나의 미래에 대하여 처음으로 언급한 분이셨다. 그 말이 귓전에 들어오지 않았다. 내 식구만은 배곯는 일이, 학교에 다니지 못하는 일이 있어서는 절대 안 되었다. 그러기 위해서는 쌀독에 쌀을 가득 채우는 것이 우선순위였다. 눈을 수건으로 가리고 연자방아를 돌리는 소처럼 삶의 바퀴를 끊임없이 굴려야 했다. 때로는 짐승처럼 괴성을 지르며 울고 싶을 때도 있지만 우는 것조차 사치였다. 그럴 때면 애써 먼 하늘을 우러르며 속울음을 삭여야 했다. 속에 고여 있는 슬픔을 토해내지 못하고, 울어야 할 때 울지 못하고, 눈물을 흘려야 할 때 흘리지 못했다.

자식들이 성장하여 분가하고 직장에서 정년이 되어 돌아왔을 때 비로소 나를 돌보고 챙기기 시작했다. 고등학교 국어 선생님이 "시나 소설을 써보라"는 말씀이 귀에 들렸다. 그 말은 깊이 잠들이 있는 꿈을 흔들어 깨웠다.

책 읽는 독자에서 글 쓰는 작가로 살고 싶었다. 냉동실에 저장해 둔 먹거리를 해동해서 밥상에 올리듯 얼려두었던 감성이 스멀스멀 깨어나기 시작했다.

동인이 모여서 합평회 할 때 글을 발표하다가도 세상 돌아가는 이야기를 하다가도 눈물이 났다. 잘 울던 소년이 마음 놓고 울지 못하던 중년을 지나 노년에 들어서자 잘 우는 남자가 되었다.

나에게 묻는다. 살아오면서 진정 가치 있는 눈물이란 무엇이었던가? 힘없고 멸시받고 소외된 이들과 아픔을 함께 하며, 그들의 눈물을 닦아주며 함께 더운 눈물을 흘려본 적이 있었던가. 어느새 해는 반 뼘도 남지 않았는데.

단벌 신사

내가 처음으로 정장正裝을 입은 것은 1960년대 초에 공무원이 되었을 때다. 군복을 탈색한 점퍼를 입고 처음 출근했다. 나이가 지긋한 서무주임이 "정장을 입어요."라고 했다. 지금 입고 있는 옷밖에 없다고 했다. 그의 소개로 정장과 구두를 할부로 맞췄다. 돌아오는 길에 흰색 셔츠와 넥타이도. 정장을 입고 출근했다. 직원들이 "이제는 공무원 같다"며 칭찬했다. 여름을 제외하고는 그 옷만 입고 다니는 단벌 신사였다.

1960년대 초 1인당 국민소득이 100달러도 되지 않던

가난한 나라의 공무원 월급이 쌀 한 가마니도 되지 않는 박봉이었다. 쌀, 연탄, 식료품 등을 외상으로 거래했으며 양복이나 구두를 맞추면 월급은 빈 봉투였다. 받을 돈 보다 갚을 돈이 더 많은 직원은 월급날 오후에는 외상값을 받으러 오는 상인들을 피해서 슬며시 자리를 떴다. 동네 구멍가게 외상값을 갚지 못하면 갚는 날까지 먼길로 돌아 다니기도 했다. 월급쟁이의 애환이었다.

한겨울에도 외투를 맞출 여력이 없어서 알 양복 차림으로 다녔다. 양복 소매와 흰 셔츠에 때가 타지 않도록 토시를 끼고 근무했다. 퇴근하자마자 흰 셔츠를 빨아서 숯불 다리미로 다려 입고 출근했다. 추운 겨울이면 아침까지도 마르지 않을 때도 있었다. 어머니는 상 차리고 다리미에 숯불을 피워 셔츠를 다리느라 허둥댔다. 전기다리미로 셔츠를 다릴 무렵에 돌아가시고 아내가 뒤를 이었다. 단벌로 1년 내내 견디다 보니 엉덩이 부분이 쉬 해졌다. 헝겊을 대고 기워 입었다. 양복을 맞출 때는 여벌로 바지 하나를 더 맞췄다.

정장과 외투를 결혼 선물로 받으면서 단벌 신사를 면하게 되었다. 궂은 날은 헌 옷을 입으며 아꼈다. 비가 내리는 날 아내가 친정에 다녀와 보니 '손님'이 쓸 만한 세간을 가지고 간 뒤였다. 그날도 헌 옷을 입고 출근했었다. 모처럼 단벌 신사를 면하나 했는데 한 달도 못 가서 도로 단벌 신사가 되었다.

상사나 동료가 이사하면 이삿짐을 나르고 수당도 없는 야근을 밥 먹듯 해도 불평하지 않았다. 회식하면 뒤치다꺼리를 도맡아도 불평하지 않았다. 명령하면 복종하던 시절이었다. 평생직장으로 알고 지냈다. 여기서 살아남아야 새끼들 등 따습고 배부르게 먹일 수 있고 교육할 수 있었다. 그래야 정장도 입을 수 있고.

군에도 다녀왔고 학교도 졸업했다. 자식들도 자라서 학교에 다닐 무렵 직장에서도 안정이 되었다. 더운 줄도 추운 줄도 모르고 입던 단벌옷이 봄이면 덥고, 겨울이면 춥게 느껴졌다. 그 무렵부터 여벌 옷을 마련할 수 있었다. 그러나 자식들 자라고 직장에서는 윗분 모시고 아랫사람 건사하는데 머리가 무거웠다. 정장 한 벌로 지내던 때가 그리웠지만, 되돌아갈 수도 없었다. 여러 벌의 정장을 골라 입는 맛에 인 박인 뒤였다.

외한위기를 맞으면서 산업구조가 달라지기 시작했다. 국가 주력산업은 반도체, 금융, 관광, 정보기술 산업 등으로 다양화되었고 직장을 가족처럼 여기던 문화도 사라지기 시작했다. 전 직원이 모이는 회식문화가 부담스러운 일이 되었고 개인 취향의 시대가 열렸다. 이때 나는 정년을 맞았다.

이 무렵 의류업계에도 변화의 바람이 불었다. 맞춤복에서 기성복 시대가. 양복점에서 할부로 맞추던 것을 매장에서 몸에 맞는 옷을 골라 입고 카드로 결제하면 되었다. 정년을 맞아 정장을 입고 갈 데가 없는 나는 자유롭게 옷을 입었다.

결혼식장이나 격식을 갖출 장소가 아니면 정장을 입지 않고 간편한 옷을 입어도 지적하는 사람이 없었다. 자유로운 옷을 입는 것은 정장을 입고 갈 데가 없어서이기도 했다. 여름에 긴팔 옷을 입어도, 원색의 옷을 입어도, 아침에 늦게 일어나도 시비하는 사람이 없었다. 대신 스스로 생활 규칙을 정하고 일정표를 짜 규칙 있는 생활을 하며 내가 나를 건사해야 했다.

옷장에 걸려 있는 옷 중에 정장은 한 벌뿐이다. 퇴직 후부터는 정장을 입을 일이 없다. 그렇게 애지 중하던 옷이 늘 옷장에 걸려 있다. 오늘은 정장과 넥타이를 맨다. 그리고 거울은 본다. 내가 낯설다. 이렇게 차려입고 어딜 가지?

추어탕 집 소묘

중년의 남성 두 사람이 내가 앉은 건너편 식탁에 앉는다. 추어탕 두 그릇과 튀김 한 접시가 놓인다. 이어서 막걸리 한 병도. 앞에 앉은 남성보다 젊어 보이는 남성이 병을 흔든 다음 뚜껑을 딴다. 나는 십중팔구 거품을 토하며 넘치는 데 그는 능숙하게 처리한다. 많이 해본 솜씨다.

앞자리 남성의 잔에 가득 따른 다음 자신의 잔에도 따른다. 두 사람은 겸연쩍은 미소를 띠고 잔을 부딪치며 말을 주고받는다. 입모습으로 봐서 "형님 축하합니다." "고마워!"라고 말하는 것 같다. 그렇다면 두 남성은 형제이며 오늘이 형님 생일인 모양이다.

한잔을 단숨에 마신 다음 튀김을 간장에 찍어 한입에

넣고 우물우물하더니 삼킨다. 젓가락을 쥔 손가락이 굵고 투박해 보인다. 생산 공장이나 힘을 쓰는 자영업에 종사하는 것 같다. 바쁜 중에도 형님 생일을 기억하고 생일상을 차린 것 같다. 부모님은 안 계시는가? 한 분이라도 생존해 계신다면 참석했을 텐데. 아니면 거동이 불편한지도 모를 일이다.

각자 아내도 있고 자식도 있을 터인데 같이 오지 않은 걸 보면 두 집의 관계가 원만하지 못하거나 식구가 다 모이기에는 형편이 여의치 못한지도 모른다. 형제도 자주 만나서 밥 먹고, 술 마시고, 가정사 상의하고, 세상사 걱정하는 관계가 아닌 것 같다. 마주 앉아 있는 모습이 어색해 보이는 것이.

그래도 형님 생일을 기억하고 추어탕 집에서 생일상을 차려놓고 어색하지만 "형님 축하합니다" "고마워" 하며 잔을 부딪치는 관계. 형제가 서로 우애를 다하는 것을 흘금흘금 훔쳐보다가 헛손질하는 나다.

오늘 추어탕은 더 진하고 고소하다.

소년과 종 그리고 촛대

내 책상에는 종과 촛대가 놓여 있다. 마음이 어지러울 때나 무료할 때면 종을 흔들고 세상이 어둠과 고요 속에 잠겨있을 때면 촛불을 켠다. 촛불은 집착이나 걱정 없이 자유로움을 느끼게 해주고 무심을 알려준다. 촛불을 켜고 종소리를 들으며 마음의 안녕을 얻는다.

종과 촛대는 십여 년 전에 소년으로부터 받은 선물이다. 내가 종을 모으는 것을, 밤이면 촛불을 켜 놓고 바라보는 것을 눈여겨보았다가 파리에 다녀오면서 들고 온 것이다. 나에게 가장 소중한 선물인 종을 흔들어 보고 촛대에 불을 밝힌다.

한국전쟁이 휴전으로 총성이 멎을 무렵 나는 열세 살 소년이었다. 피란민들이 산 중턱까지 판잣집을 짓고 다닥다닥 붙어 사는 동네에도 교회가 여기저기 많았다. 교회에서는 탄피를 매달아 놓고 아침저녁으로 종을 쳤다. 시계가 없는 집에서는 교회 종소리를 시계 삼아 일상을 살았다. 나도 종소리를 듣고, 새벽이면 신문 배달을 했다. 어느 날 종소리를 듣고 신문 보급소로 달렸다. 닫힌 문을 두드렸다. 꿈쩍도 하지 않았다. 자정을 알리는 종소리를 잘못 듣고 신문 보급소 문을 두드렸으니 열릴 턱이 없었다.

성년이 되어 가정을 이루었을 때도 가끔 교회 종소리가 들렸다. 노년이 되어도 종소리가 들렸다. 환청이 따라다녔다. 그럴 때는 절을 찾았다. 저녁 무렵 절에서 울려 퍼지는 종소리를 듣는 날은 마음이 편했다. 길을 가다가도 종이 있음 직한 가게 앞에서 마음에 드는 종을 들고 왔다. 낯선 나라에 가서도 종을 찾아다녔다. 이렇게 모은 종을 흔들면 교회 종소리가 났다. 절 마당에서 울려 퍼지는 종소리가 났다. 낯선 땅에서 들고 온 그 종소리가 났다. 종은 자신의 소리를 낼뿐인데 내 귀에는 그렇게 들렸다.

소년은 아홉 살 때 어미와 헤어져 마음 앓이 몸 앓이 무던히 했지만, 정신 줄을 놓지 않았다. 그림을 배우러 파리에 가겠다고 했다. 떠나기로 결심하기까지는 노인의 마음이 작용했다고 믿는 소년은 그 도시로 배낭여행을 다녀온 뒤 마음을 굳혔다. 낯선 도시를 걷다가 가게에서 종과 촛대를 발견했다. 노인이 평소에 종소리를 듣고 촛불을 켜고 밤을 보내는 것에 익숙했던 소년은 종과 촛대를 배낭에 넣고 돌아와 노인에게 선물했다. 노인은 소년이 돌아오기까지의 세월을 종과 촛대를 마음 깊숙이 품고 살았다. 가장 소중한 선물, 종을 흔들고 촛불을 켜면서.

소년은 우리 집 장손 태석이다. 그림 공부를 마치고 돌아와 군에도 다녀왔다. 지금은 광고회사에 다니고 있다. 아홉 살 소년이 서른 살 청년이 되었다.

본능

찻집 옆자리에 중년 여성 넷이서 이야기꽃을 피우고 있다. 책을 읽다가 한 여인의 말에 읽기를 멈추고 귀담아듣기 시작했다.

아들이 전방 초소에서 장병 세 명과 함께 복무 중이다. 막사 옆 헛간에 고양이가 새끼 네 마리를 낳았다. 그들은 고양이 새끼가 무럭무럭 자라는 것을 바라보며 보초를 섰다. 어느 날 해가 설핏해져도 어미가 돌아오지 않았다. 새끼들은 울어대며 기다렸지만 허사였다. 먹던 밥을 주었다. 새끼들은 허기를 면했는지 울음을 그쳤다. 다음 날 아침 또 울어댔다. 인터넷을 뒤져서 고양이 밥을 주문해 먹이면서 보살폈다.

한 병사가 동물도 못된 사람을 닮았는지 새끼를 두고

가버렸다면서 우리가 기르자고 제안한다. 전원 동의다. 모성 본능이 강한 동물의 변심을 빗대서 한 말이다. 어쩌면 그 병사 주변에 누군가 자식을 두고 가버린 여인을 떠올리며 한 말인지도 모른다. 넷이 한 마리씩 맡아서 이름도 짓고 먹이도 주문해서 먹였더니 살이 오르고 어느새 어미만큼 자랐다. 이제는 뿔뿔이 헤어지겠지. 그러나 낮에는 나갔다가 밤이면 들어와서 병사 주변을 맴돌았다. 예상이 빗나갔다. 그들의 극진한 보살핌을 잊지 못하는 듯. 아니면 행여나 어미가 돌아오려나 싶은 마음에 떠나지 못하고 맴도는지 모를 일이다.

그 병사는 제대를 앞두고 마지막 휴가를 와서 엄마에게 고양이에 관해 이야기했다. 아들 말을 듣고 다그치는 어투로 "그래서?"라고 물었다. 아들은 빙그레 웃으면서 "아무래도 제대할 때 녀석을 데리고 와야겠지, 엄마?"라면서 동의를 구했다. 귀대하는 아들 등 뒤에 대고 "그럴 줄 알았다. 어림도 없는 소리 하지 마"라고 쏘아붙였다.

엄마는 "우리 아들이 동물도 못된 사람을 닮았는지 새끼를 버리고 가버렸다고 하데." 그 말을 앞에 앉은 여성이 되받는다. "어쩌면 먹이 사냥 갔다가 죽었는지도 몰라. 동물의 모성 본능은 자신의 목숨과도 바꿀 정도거든. 사람 같지 않아"라고. 나는 그 말에 동의했다. 그리고 중얼거렸다. 그렇다. 동물은 인간처럼 머리를 굴리면서 손해가 되면 자식도 사정없이 버리는 짓을 할 줄 모르거든. 사람 같지 않아. 분명 사고일 거야.

그 여성이 아들에게 "동물병원에 가서 예방주사 맞혀서 데리고 오라"는 문자를 보냈다는 말에 모두가 고개를 끄덕인다.

나도 고개를 끄덕이면서 책을 다시 읽기 시작했다.

목숨 걸 만큼 소중한 존재

온난화 현상으로 눈이 내리지 않는 겨울이 계속된다고 한다. 올해는 다행스럽게도 8년 만에 함박눈이 소복소복 쌓이는 성탄절 새벽에 안타까운 소식이 전해졌다. 서울 도봉구 방학동 고층아파트 3층에서 원인 모를 화재가 발생해 30명이 다치고 30대 두 명이 목숨을 잃었다. 그중 한 명은 네 식구의 가장인 박 모 씨로 생후 7개월인 둘째 딸을 안고 4층 쪽마루에서 뛰어내려 딸은 살리고 본인은 숨졌다.

숨진 박 씨는 단지 내 작은 아파트에서 살다 둘째가 태어나자 집을 넓혀 이사 온 지 6개월 만에 참변을 당했다. 그는 "아이 받아주세요"라고 외치며 두 돌배기 첫째 딸은 경비원이 대피용으로 깔아놓은 재활용 종이 포대 더미 위로 던졌다. 이어서 둘째를 안고 뛰어내렸다. 뒤따라 뛰어내린 아내는 어깨 골절상을 입었다. 불행 중 다행이었다.

박 씨는 품에 안은 젖먹이를 위해 추락의 충격을 온몸으로 받아내다 숨진 것으로 보인다. 자식을 쉽게 버리고, 부부가 헤어질 때는 서로 떠넘기다가 홀로 남겨지고, 정신적이고 육체적으로 학대하고, 돌보지 않는 등 말세라고 한탄하는 세상인데 그런 말이 무색해지는 부성애다.

고층아파트에 불이 나면 모든 층에서 살수기와 방화문이 작동해야 하지만, 이 아파트는 그런 규정이 생기기 전에 지어졌다. 그런 줄 알면서도 돈이 모자라 입주한 것 같다. 그가 치명적인 화마를 막아낸 건 가슴 먹먹한 가족애다.

이제 해마다 성탄절이 돌아와도 그는 돌아오지 않는다. 살아남은 이들에게 성탄절은 슬픔의 성탄절이 아닌, 뜨거운 불길 속에서 목숨을 걸 만큼 소중한 존재임을 일깨워 주고 떠난 그를 기리는 사랑의 성탄절이 될 것 같다.

자리 있어요

"여기 자리 있어요."라는 말은 어떤 의미일까? 이 표현에는 두 가지 뜻으로 해석할 수 있겠다. 이 자리는 주인이 있다는 의미와 앉아도 되는 빈자리라는 의미로 해석할 수 있다.

우리 집에서 내 자리는 정해져 있다. 하나는 공부방에 있는 의자다. 또 하나는 거실에 있는 1인용 의자와 3인용 안락의자 중에서 1인용 의자다. 그다음에는 식탁 오른쪽 가운데 있는 의자다. 세 개의 의자는 내가 집을 비워도 손님이 와도 나 이외에는 거의 앉지 않는 주인이 있는 자리,

나의 자리다.

나는 고등학교를 졸업하고 1960년대 초 공무원이 되었다. 초임지가 인천이었다. 직장에서 담당업무는 서무 담당 보조였다. 안쪽에 위치한 서무계장 자리를 중심으로 맨 앞이 내 자리였다. 문을 열고 들어오면 내 자리를 거쳐 안으로 들어갔다. 문을 열면 찬바람이 들어오고 윗분이 들어오면 하던 일도 멈추고 인사하는 자리였다. 당시는 장작으로 난방할 때라 난로 당번은 나였다. 장작이 다 타기 전에 미리 지펴놓아야 하는데 깜박하면 낭패를 당했다. 실수투성이였다. 본연의 일보다는 잡일이 더 많았지만, 내 자리가 있어 좋았다.

퇴근 시간이 되자 서류를 정리하고 하나둘 퇴근했다. 서무주임이 퇴근해도 좋다고 했다. 미적거리다가 갈 데가 없다고 했다. “갈 데가 없다니?…” 말끝을 흐리면서 사정을 물었다. 발령받고 기차표 한 장 들고 온 사정을 듣고는 당분간 당직실에서 지내라고 했다. 당직실은 수위와 당직근무자가 야간 경계근무 하는 곳이다. 식사는 중국집에서 시켜 먹고 외상장부에 달아놓으라고 했다. 당직자가 교대로 누울 자리를 비워두고 맨 윗목에서 잠을 잤다. 낮에 근무하는 자리는 내 자리지만 밤에 눕는 자리는 내 자리가 아니었다.

근무시간이 끝나자마자 부리나케 역으로 갔다. 서울 가는 기차를 타러. 열차는 화물칸을 개조한 것으로 좌석이 지정되어 있지 않았다. 먼저 앉는 사람이 임자였다. 걸음이 늦은 여직원이 자리 잡아 달라고 부탁하면 빈자리에 가방을 놓고 기다리는 기차였다. 서울역 앞에서 종로로 가는 버스 또한 먼저 앉는 사람이 임자였다. 야간대학 강의실도 마찬가지였다. 어쩌다가 영화를 보러 가도 줄 서서 기다려야 했다. 내 앞에서 매진이라는 팻말을 걸고 문이 닫힐 때도 있었다. 그럴 때면 암표를 사야 했다. 공공시설을 이용하기 위해서는 자리다툼을 하든지 아니면 편법을 이용하는 수밖에 다른 도리가 없었다. 비록 한 달 월급으로 쌀 한 가마니 사면 남는 게 없는 박봉이었지만 나는 서무 담당 보조라는 안정된 자리의 주인공이었다. 세상이 어지러울수록 내 자리를 지키는 것이 목표였다.

서무주임이 발령 났다. 계장은 오늘부터 자네가 주임이라면서 자리도 앞자리로 바꿔 주었다. 나도 열심히 근무하면 계장, 과장, 국장이 될 수 있겠다는 기대와 욕심이 생겼다. 여러 직원이 서울에 있는 야간대학에 다녔다. 승진 규정에 고졸 학력과 대졸 학력의 차이가 크다면서 승진하기 위해서는 박봉임에도 야간대학에 적을 두어야 했다. 나는 주간에 다닐 형편이 되지 못해 야간에 다니지만, 그들은 승진을 위해서 야간대학에 다녔다.

문 앞자리에서 안쪽 자리로, 회전의자가 있는 자리로, 더 큰 회전의자가 빙글빙글 도는 자리로 바꿔 앉았다. 경쟁에서 이기면 희망하는 자리를 차지할 수 있지만, 경쟁에서 지면 앉아 있던 자리마저 내놓아야 했다. 그 자리는 바늘방석과도 같았다. 자리를 지키기 위해서 삶을 송두리째 바쳤다. 그러나 잠시 빌린 자리였음을 알게 될 무렵 자리를 비워 주고 집으로 돌아와야 했다. 비워 줄 사람도 눈독을 들일 사람도 없는 자리로.

요즘은 무턱대고 걷다가 마음에 드는 집이 있으면 들어가 자리를 기웃거린다. "여기 자리 있어요?"라고 물으면서. 늙은 몸 앉힐 자리를 찾아 묻고 또 묻는다. 빈자리가 있으면 차 마시고 밥 먹고 읽고 쓰면서 모처럼 마음을 살찌우며 지낸다. 평생을 전장에서 헤매다 돌아온 노병을 내가 반겨 맞는다.

지금 생각해 보면 별것도 아닌 자리를 지키기 위해, 나를 버리기까지 한 그 자리를 내 자리인 줄 알았다. 그런데 잠시 빌려 앉는 자리임을 알기까지 그토록 긴 시간이 흘러야 했단 말인가. 이제는 빼앗길 걱정도 빼앗을 일도 없는 자리. 오직 나만 앉고 서고 하는 자리가 있을 뿐이다. 묻는다. "여기 자리 있어요"

제2부

누군가가 일으켜 준다면

공짜를 좋아하면 대머리가 된다

냇가를 걷는데, 전화기에 문자가 뜬다. 확인했다. 단골로 다니는 찻집에서 '아메리카노 오백 원 할인권'을 보냈다. 마침, 다리도 무겁고 목도 마른 데 잘됐다. 문자를 보여주고 할인된 값으로 아메리카노 한 잔을 주문했다. 창가에 앉아 한 모금 마셨다. 더 맛난 것 같다. 서오릉 방향으로 가다 보면 작은 찻집이 있다. 그 집은 열 잔을 마시면 한잔을 공짜로 주는 집이다. 그 집 또한 단골이다. 동네 근처에 단골집을 정해놓고 지낸다.

통신사에서 '인터넷 약정기일이 경과되었다.'라는 문자

가 왔다. 직원은 재계약을 권유한다. 다른 통신사에서 상품권을 주겠다는 문자를 받았다고 했다. 우리도 상품권을 주겠다고 한다. 재계약했다. 며칠 뒤 백화점 상품권이 배달되었다. 신발 한 켤레 살 금액이다. 횡재다. 속담에 '고기는 씹어야 맛이고 말은 해야 맛이다.'라는 말이 맞는 것 같다.

내가 자주 가는 백화점이나 유통업체에서도 할인 행사를 할 때는 문자가 온다. 오늘은 팔만 원을 사면 오천 원을 할인해 준다. 다음에 살 것도 미리 사서 할인받을 금액을 맞춘다. 그래서 행사가 많은 주말을 택한다. '아주머니 떡도 커야 사 먹는다.'라는 속담도 있지 않은가.

백화점은 평균 사흘에 한 번꼴로 할인 행사를 한다. 동네 가게나 전통시장 할 것 없이 '세일'이라는 전단이 붙어 있다. '대한민국은 세일 중'이라는 말이 있을 정도다. 이쯤 되면 '원래 가격'이 얼마인지 궁금할 정도다. 행사 기간이 지나면 원래의 가격표가 붙는다. 하루 사이에 본래의 가격을 지급해야 하니 행사 기간을 무시할 수도 없다. 그래서 살 물건을 미리 점찍어 두었다가 할인이 시작되면 할부로 산다. 아끼고 절약하는 것이 버는 것이다.

'각자 내기'에 익숙하지 않은 우리 세대는 돌아가면서 내는 때가 많다. 그렇지 않으면 먼저 나가는 사람이 내는 경우도 있다. 다른 때는 동작이 빠르면서 신발을 신을 때는 꿈지럭거리는 사람이 있다. 얌체라고 핀잔을 주어도 모른척한다. 나도 때로는 꿈지럭거리다 먼저 계산한 것을 알면 얼굴이 달아오르지만 싫지는 않다. 주먹을 쥐기보다 펴기가 어렵지만, 얼굴이 달아오르는 짓은 삼가자면서도 잘 안된다.

'공짜를 좋아하면 대머리가 된다.'라는 속설이 있다. 과거에는 전자 이발기 '바리캉'이 인기를 끌면서 공짜로 머리 깎아주는 봉사활동을 했다고 한다. 당시에는 위생 관념이 낮았기 때문에 무료 이발소를 이용하는 이들의 두피에 피부 전염병이 옮기게 되었다. 그래서 탈모를 겪는 이들이 많았다는 설이 일반적이라고 한다.

두피에 피부 전염병이 옮는 시대도 아닌데 머리가 하나 둘… 빠지더니 앞이마가 훤해졌다. 차 한 잔을 마셔도 공짜로 주는 집을 찾아가고 물건을 살 때도 할인 행사를 기다리면서 공짜를 밝히다 보니 대머리가 된 것 같다.

오늘도 탈모 방지약을 바르면서 할인 행사 기간이 어서 시작되기를, 할인권이 어서 오기를 기다린다. 나는 공짜를 좋아하는 대머리다.

예술이 되는 삶

내가 직장생활을 시작했던 1960년대 초에는 다니는 직장을 천직으로 알면서 수입에 맞춰 근검절약하며 살았다. 당시에는 직업이 삼천여 개 정도로 적었으니, 선택의 폭도 좁았다. 지금은 이만 종이 넘어 선택의 여유가 있다. 일이 끝나면 또 다른 직장에 가서 겹벌이하며 수입을 올리는 데 전력을 다하고 있다. 그래도 성에 차지 않으면 직장이나 업종을 바꾸는 데 주저함이 없다.

그때나 이때나 예술가는 가난하다. 본업으로 들어오는 수입으로는 용돈도 되지 않는지라 겹벌이하면서 예술 활동을 하는 것 같다. 연극배우 손 선생도 여기에 해당한다. 그와 알게 된 것은 십여 년 전 불광천을 걷다가 들린 찻집에서다. 입구에는 '오아시스 세탁소 습격 사건'이라는 안내 그림이 붙어있었다. 차를 주문하는데 연극 초대권을 주면서 시간 있으면 구경 오라고 한다. 연극 안내 그림의 주인공 얼굴과 겹쳤다. 연극배우가 찻집을 운영하고 있었다.

연극으로 들어오는 수입으로는 생활이 되지 않아 찻집을 차렸다. 주문받고 차를 만들고 계산하는 순간순간이 어색한 느낌이 들었다. 찻집에서는 어설픈 커피 전문가이지만 무대에서는 관객을 사로잡는 노련한 배우다. 가끔 들러 차를 마시면서 연극과 문학을 이야기하며 가깝게 지냈다.

우리는 해가 바뀌면 만나서 일 년 치 이야기를 오래 나누는 사이다. 그날은 찻집을 옮겨 다니며 이야기한다. 올해는 내가 좀 일찍 만나자고 했다. 만나자마자 뜻있는 출판기념회를 하고자 하는데 출연해 달라고 부탁했다.

내 말이 끝나자, 녹즙을 주면서 자신이 근황을 전한다. 연극배우 다섯이 배달업을 시작했다. 새벽에 음료를 배달하고 나면 이른 점심때가 된다. 저녁에 또 배달하고 나면 새벽 한 시쯤이다. 하루에 두 번은 뛰어야 유학 중인 큰딸에게 학비 보내고 생활비 내고 나머지는 연극 연습하는 데 드는 비용으로 쓴다고 한다. 본업보다 부업이 훨씬 더 짭짤하다면서 씩 웃는다.

이 선생은 플루트 연주자다. 그와 만나 출판기념회에 출연해 달라고 부탁했다. 쾌히 승낙하면서 아내가 둘째를 순산한 뒤 산후조리 중이라고 한다. 아기 낳기를 꺼리는 세상인데 둘씩이나 낳은 부부가 달리 보인다. 그런데 아내가 파리로 가서 살자고 한다. 떠나기로 작정하니 음악 활동에 문제가 있을 것 같아 불안해진다. 아내는 네 살 때 부모님 따라 프랑스에 건너가서 살다가 결혼한 뒤 서울에 와서 어학원을 운영하고 있다. 한국말보다 프랑스 말을 더 잘하는 그는 한국인의 감정과 많이 달라서 학원을 운영하는 데도 어려움이 많다. 그래서 그런지 부모님이 계신 파리로 가서 아이들을 기르자고 한다.

그는 프랑스 유학 중에 아내를 만나 가정을 이루었다. 지금은 관현악단 단원으로 활동하면서 개인지도와 작은 무대를 만들어놓고 음악 활동을 하고 있다. 그 수입이 관현악단에서 들어오는 수입보다 더 많다. 그곳에 가면 한국 여행객과 유학생을 상대로 중개업에 종사하다 보면 음악과 멀어질 것 같아 걱정이다.

나의 젊은 시절은 남자는 돈 벌어오고 여자는 살림하는 시대였다. 길에는 실업자가 넘쳐나고 어렵사리 직장을 구했다고 해도 턱없이 모자라는 수입으로 근근이 살았다. 내가 문학을 하고 싶다는 말을 듣고 큰형님은 예술가는 배곯는다며 말렸다. 그렇지 않아도 굶주림이 어떤 것인지 일찍부터 알고 있던 나는 지레 겁먹고 꿈도 꿔 보지도 못하고 접고 말았다.

손 선생은 본업보다 부업으로 생활하면서 연극에 힘쓰고 이 선생은 본업을 잃을까 봐 불안해한다. 그러면서도 꿈을 실현하고자 노력하는 것을 볼 때마다 후회도 해보지만, 너무 멀리 와 있는 나를 만나게 된다. 때로는 객석에서 연극을 보고 연주를 들으며 응원을 보낸다. 그러나 그들이 아주 부럽다.

침묵하고 싶은 계절

서삼릉 근처를 걷다가 찻집에 들렀다. 출입문이 열려 있다. 문을 닫고 들어가 찻잔을 들고 창가 자리에 앉았다. 사방으로 난 문을 죄다 열어 놓았다. 출입문도 열어 놓은 것을 잘못 알고 닫은 것 같다. 실내는 냉방기를 껐는데도 서늘한 바람에 실려 온 풀 냄새로 가득하다. 오색 단풍으로 화려한 가을보다는 그 직전의 온화한 기운이 남아있는 여름의 끝자락, 푸르던 기운이 가시고 나뭇잎이 가을옷을 입기 전의 겸손한 계절을 좋아한다. 새가 지저귀고 다람쥐가 재빠르게 돌아다닌다. 경계를 허무는 찻집이다.

찻집 뒷마당으로 나갔다. 굽은 소나무를 타고 담쟁이덩굴이 똬리를 틀었다. 울타리를 타고 올라온 장미 덩굴에 크다만 꽃이 매달려 있다. 다 자라지도 못하고 뒤늦게 피는 꽃이 가상하다. 아니 철없어 보인다. 푸르던 담쟁이잎이 누렇게 바랬다. 바람은 염색 집 주인처럼 나뭇잎을 푸르게 누렇게 빨갛게 물들인다. 나는 게을러서 그런지 하얀 머리카락을 그대로 두고 지낸다. 침묵하고 싶은 계절에 흰머리를 날리며 적요한 찻집 마당을 서성인다. 안으로 깊어지고 싶은 계절에.

돌아와 거실에 앉는다. 아침에 걸레질했는데 마루에 먼지가 뽀얗게 앉았다. 거슬린다. 또 걸레질하다가 서가 앞에 멈췄다. 책 위에 먼지를 닦다가 책을 펴 본다. 밑줄 친 부분과 책장이 접혀 있는 곳을 읽어 본다. 물체를 분간하는 눈을 시력이라면 세상을 보는 능력은 책이 아닐까 싶다. 시력은 어찌할 수 없지만, 세상을 보는 눈이 흐려지지 않도록 꾸준히 읽고 써야겠다.

가방 속에 늘 책을 넣어 둔다. 전철에서도 읽고 누군가를 기다릴 때도 읽는다. 끼니때 찬거리를 고민하듯 어떤 책을 가방에 넣을까 고민하면서 책들을 훑어본다. 무조건 읽기보다는 생각이라는 여과기를 거쳐 가며 읽는다. 오래 사유하기 위해서 다양한 책을 많이 접한다. 내가 발견한 문장들이 내 마음 안에 뿌리내릴 때까지 반복해서 읽는다.

서가 맨 아래 칸에 있는 편지 상자를 열었다. 어머니, 형님들, 그리고 그네가 보낸 편지를 들춰본다. 자주 읽지 않으면서도 버리지 못하는 까닭은 서로의 마음이 그 안에 담겨 있기 때문이다. 고인이 된 분들의 편지를 꺼내 보면서 그 속에 담긴 시절을 추억해 본다. 그리움으로 다가온다. 편지는 사람만이 쓸 수 있는 마음이 담긴 진심의 언어이다.

구름이 따가운 햇볕을 가려주고 선들바람 부는 오늘 같은 날은 불광천을 걷기 좋은 날이다. 걷다가 찻집 창가에 앉아 책 읽기 좋은 날이다. 책상에서 읽고 써야 하는 것만은 아니다. 식당, 찻집, 지하철, 버스, 공원의 빈 의자 등 장소를 가리지 않고 읽고 쓰면 된다. 읽고 쓰고 싶다는 충동을 불러일으키는 곳, 집중할 수 있는 모든 곳이 책상이 될 수 있다.

오늘은 동네 근처를 걸으며 이미 다녀온 도시들을 다시 한번 가보는 상상을 해본다. 마음은 그 도시를 쏘다니는데 몸은 불광천을 걷고 있다. 가을의 문턱을 넘자 걷기를 늘리고 그 길이 끝나는 곳까지 그 산 깊숙한 곳까지 가본다. 걷다가 힘에 부치면 봐 두었던 찻집 문을 조용히 열고 들어간다. 침묵하고 싶은 계절에.

스무 살 떠지

내일이 추석이다. 올해는 열대야가 두 달 가까이 계속되는 뜨거운 여름이다. 추석날도 한여름같이 무덥다는 예보다. 시중에서는 추석이 아니라 하석夏夕이라는 신조어가 유행할 정도다.

어제부터 편도선이 붓고 침을 삼킬 때마다 통증을 느낀다. 정부와 의료계가 대립하여 위급한 환자가 응급실을 찾아 뺑뺑이 돌다가 낭패당하기도 한다는 소식이 심심치 않게 들린다. 혼란기에 아프면 어쩌나 싶다. 불안하다. 약국에 가서 약을 산 뒤 자동차 시동을 걸었다. 꿈쩍하지 않는다. 고장 출동을 요청했다. 바로 달려온 기사는 "전원이 모두 나갔어요. 발전기 고장 같아요."라면서 정비업소로 견인하자고 한다. 이십 년을 운행했지만 이런 일은 처음이라 당황스럽다. 산소에 가야 하는데 큰일이다. 자주 다니는 정비업소에 견인해 놓고 쪽지를 남겼다.

추석 차례는 종친회주관으로 산소에서 모신다. 산소에 갈 일이 걱정이다. 매년 대전에 사는 당질 내외가 내 차를 이용하는데 사정을 말할 수도 없고 난감하다. 궁리 끝에 자식들에게 알렸다. 아침 일찍 내 집으로 오겠다고 한다. 마음이 놓인다. 좋을 때는 남이고 어려울 때는 가족이란 말이 맞는 것 같다.

당질 내외와 막내아들 차에 탔다. 사정을 듣고는 "아저씨 배려해 주셔서 고맙습니다. 차가 띠지지요?"라고 묻는다. "띠지?" 되물었다. "자동차에도 별명이 있어요. 제네시스는 제네 실수, K9은 자주포, 그랜저 티지는 띠지라고 해요." 처음 듣는 말이지만 그럴듯하다. "띠지가 이십 년이 되었으면 늙었어요. 주행 중에 사고가 났으면 어쩔 뻔했어요. 이참에 바꾸세요"라고 한다. 당질의 말에 대꾸하지 않았다. 띠지와 나는 이십 년 넘게 같이 지냈는데 늙고 병들었다고 내치기는 쉽지 않은 일이다.

퇴직 후 성능이 좋다는 띠지를 산 뒤 내가 가보지 못한 길, 내가 그리던 길을 가보고 그곳 풍광에 젖으며 밥 먹고 차 마시고 때로는 며칠 묵기도 하면서 마음을 추스르며 예까지 왔다. 갑자기 아내가 큰아들네 가서 손자를 돌보며 살림을 살아야 했다. 띠지는 주말이면 아내를 본가로 데려오고 또 데려다주는 일을 해야 했다. 늦은 밤이면 학원에서 손자를 집에 내려주고 돌아오기도 했다. 이러기를 십 년 넘게 해왔다.

그렇게 혹사했건만 불평은커녕 고장 한번 없이 잘 지냈다. 나름대로 예방 점검도 하고 닦고 반짝반짝 광내면서 피붙이처럼 아껴주며 자별하게 지냈는데 늙고 아프다고 당질의 권유대로 바꾸고 싶지 않다. 게다가 넉넉잡아 사오 년 후면 운전면허증을 반납할 예정인데 세차를 마련하는 것도 부질없는 일 같다. 그래서 더욱 띠지와 관계를 유지하고 싶은 것이다.

정비 기사는 발전기 고장이 아니라 배터리 방전이라면서 교체한 뒤 시동을 걸었다. 부릉부릉 힘차게 돌아간다. 다시 태어난 듯 기쁘다. 자주 가는 서삼릉 찻집까지 시운전도 해봤다. 이상 없음이다. 아니 더 안전해진 것 같다. 그리고 며칠 지났다. 아내와 장 보러 가는 날 시동을 걸었다. 약국 주차장에서처럼 꿈적하지 않는다. 가슴이 철렁한다. 당질 말이 떠오른다. 또 견인해서 정비업소로 갔다. 기사는 미안한 표정으로 배관을 점검한 뒤 분해해서 닦고 조이고 기름 친 뒤 조립했다. 이래도 안 되면 배관을 갈아야 한다면서 시동을 건다. 우렁찬 소리를 낸다. 기사가 한 시간 넘게 몰두한 결과다. 폐기 처분하자는 말에 내색도 하지 않으면서 견디기를 잘했다.

시동 걸면 또 꿈쩍도 하지 않을지도 모른다. 그러면 견인해서 정비소에 가면 된다. 그 정비소에는 자신의 결정에 확신을 가지고 수리하는 기사가 또 살려낼 것을 믿는다. 나도 띠지처럼 여기저기 성치 않은 곳이 많다. 배가 서서히 바다에 가라앉듯 내 몸도 서서히 침몰 중인 것만 같다. 그렇지만 가라앉는 그때까지 고쳐가며 띠지와 같이 할 작정이다.

띠지가 사람으로 치면 스무 살 청년이지만 자동차 세상에서는 나와 엇비슷한 노인에 속하는 것 같다. 고치고 고쳐가며 살고 있는 내가, 기준 속도 이하로라도 달릴 수 있는 그 날까지 그와 같이할 작정이다.

혹시나 해서 시동을 걸어본다. 부릉부릉 지축을 흔든다. 아직은 '이상 없음'이다.

진작 사줄걸

명품 가방을 사러 백화점에 갔다. 직원이 고급스러운 의자로 안내한 뒤 아내가 희망하는 가방을 찾으러 갔다.

아내는 내년이면 미수米壽이다. 기념으로 선물하고 싶다고 했다. 한참 뜸 들이다 가방을 갖고 싶다고 한다. "명품 가방을 사줄까요?" 동의하지 않을 거라고 지레짐작하면서 물었다. "이왕 사는데 싸구려 사주지는 않겠지요?"라고 한다. 예상에 빗나갔다. 이쯤 되면 명품 가방을 사야 할 것 같다.

아내가 달라졌다. 자신을 내세우기보다는 남편과 자식들에게 헌신하는 사람이었다. 어느 날 소위 명품 옷을 사 들고 왔다. 안경테가 고장 났다면서 꽤 값나가는 안경으로 바꾸었다. …. 근래 자신을 챙기고 있었다. 아내의 변화를 눈치채지 못한 내가 뒤통수를 맞은 셈이다.

인터넷을 뒤졌다. 샤넬, 루이뷔통, 구찌…. 말로만 듣던 이름이 뜬다. 그중에서 프랑스 제품을 사기로 했다. 우리집 장손 태석이가 프랑스에서 10년 가깝게 미술 공부하고 돌이 왔다. 등록금 등 많은 혜택을 받으며 공부한 프랑스에 늘 감사한 마음이다. 신문을 보다 프랑스 기사가 있으면 읽게 되고 그 나라 영화가 들어오면 극장에 간다. 프랑스에 관한 이야기를 할 때면 적극적으로 지지하는 친불파親佛派가 되어있었다. 가방도 이왕이면 프랑스 제품으로 사기로 했다.

가깝게 지내는 분들과 이런저런 이야기 끝에 아내의 미수 선물로 명품 가방을 사주기로 했다고 말했다. 내 말이 끝나기가 무섭게 "내년에요? 당장 사드리세요"라고 한다. 여성분들 모두가 합창하듯이. 미수가 내년인데 당장 사주라는 말이 이해되지 않았다. 곰곰이 생각해 보니 당장이라는 말속에는 내년이 오기 전에 무슨 일이 일어날지 어찌 알겠는가. 내년을 맞는다고 해도 외출을 못 할 수도 있고, 그렇지 않더라도 하루라도 더 들면 좋지 않겠냐는 뜻이 포함되어 있었다. 그 일이 있고 나서 바로 백화점에 갔다.

직원이 갈색과 검은색 가방을 가지고 와서 긴 설명을 한다. 아내는 갈색 가방에 관심을 표한다. 나도 같은 생각이다. 가격도 적당하다. 가방을 들고 걸어보라고 했다. 메고 걸어보라고 했다. 가방과 사람이 따로 노는 것 같다. 가방이 커 보였다. 십여 년 전에 척추 부상으로 오래 병원을 드나들었다. 그 무렵 허리가 굽은 채 생활하고 있다. 그러지 않아도 작은 키에. 직원도 가방이 커 보인다고 한다.

직원이 한참 만에 검은색 가방 두 개를 가지고 왔다. 들고 걷고 메고 걸었다. 두 번째 가방이 더 어울리는 것 같다. 이제는 균형이 잡혀 보인다. 아내는 헌 가방 대신 새로 산 가방에다 물건을 옮긴다. 얼굴도 밝아 보이고 걸음걸이도 경쾌해 보인다. 진작 사줄 걸 그랬다는 후회를 하면서 백화점을 나왔다.

미수를 앞둔 아내는 난생처음 명품 가방을 메고 걸으면서 점심을 사겠다고 한다. 직장이 명동 근처에 있을 때 자주 다니던 명동 돈가스 집으로 가기로 했다. 명품 가방을 메었다 들었다 하면서 나보다 한 발짝 앞서 걷는다. 바람결에 흰머리가 흩날린다.

누군가가 일으켜 준다면

막냇손자 준석이가 군에 입대한 지가 엊그제 같은데 한 달 뒤면 제대한다. 본인은 마딘 세월이었겠지만 나에게는 쏜살같은 세월이다. 마지막 면회하러 갔다.

운동하던 녀석이라 식성도 좋고 많이 먹는 편인지라 고기 3인분을 거짓말 보태서 눈 깜짝할 사이에 먹는다. 찻집에서 마주 앉았다. 찻물 몇 모금 마시며 뜸 들이다가 제대 후 계획을 물었다. 오늘 면회 온 목적이다. "전문대학에 복학하기는 그렇고요. 수능을 보든지 편입 시험을 보든지 하려고요."라고 한다.

준석이는 초등학교 때부터 축구를 시작해서 고2 때까지 선수 생활을 했다. 큰 부상으로 선수 생활을 포기해야 했다. 1년 뒤에 수학능력시험을 보았다. 지방대학이나 전문대학에 지원할 수준이었다. 내심 재수하기를 바랐지만, 전문대학에 입학했다. 본인과 제 부모가 결정한 일에 관여하고 싶지 않았다. 큰손자 태석이 진학 문제로 큰아들과 갈등을 겪은지라 또다시 되풀이하고 싶지 않아 아무 말도 하지 않았다.

녀석이 입학하던 해는 코로나19로 비대면 수업을 하던 시절이라 1년 동안 학교 한번 가보지 못하고 다음 해 지원 입대했다. 녀석은 축구선수에 도전했으나 실패했다. 대학 진학도 성적 부진으로 전문대학에 가야만 했다. 두 번의 실패였다.

어린 나이에 실패를 경험하고 입대한 녀석을 생각하면 가슴이 아렸다. 또 원망을 들어도 관여하기로 마음먹었다. 어미는 입원 중이고 아비 혼자 병시중에 집안일을 맡아야 하니 준석에게 손길이 덜 감을 알기 때문이다. 기다리던 문자가 왔다. "대학 편입 시험 보기로 했어요."라는 내용이었다. "잘했다"라고 답장을 보냈다. 그리고 할아비 집에 와서 시험 준비하기로 했다.

종각역 근처에 있는 편입학원에 등록했다. 오전반을 택했다. 오후부터는 학원 독서실에서 자습하고 밤 10시가 지나서 돌아왔다. 운동만 하던 녀석이라 공부에 등한하면 어쩌나 내심 걱정했지만, 담임선생님은 보기보다는 성실하다면서 서울에 있는 대학에 편입할 것 같다고 한다.

수도꼭지를 계속 틀어놓으면 하수구가 넘치지만, 적당히 틀어놓으면 배수가 잘되는 것처럼, 잠도 충분히 자고, 운동도 적당히 하고, 긴장도 푸는 시간이 필요했다. 오전에 수업을 마치면 점심 먹고 자습하다가 가까운 청계천을 걷거나, 차 마시거나, 토막잠을 자거나, 게임을 하거나 본인이 알아서 쉬는 시간을 갖기로 했다. 그렇게 해도 14시간을 책과 씨름해야 했다. 그래도 문제가 생기면 또 조정하기로 했다. 이렇게 시간표를 다시 짰더니 입술이 부르트고 코가 헐던 것이 잦아들고 생기가 돌았다.

한국과학기술원에는 실패연구소가 있다. 실패에 대한 두려움 없는 과감한 도전 정신 함양을 목표로 설립했다. 실패 주간 행사를 기획한 조성호 소장은 "젊었을 때 신나게 실패해 보는 게 나중에 자양분이 될 수 있다."라며 실패에서 교훈을 얻어야 한다고 했다. 그는 사진 전시회에 전시된 작품을 소개했다. "누군가 일으켜 준다면"이라는 제목의 잔디밭에 누운 의자 사진을 소개하며 “멀쩡한 의자인데 넘어져 있어 제 역할을 못 하고 있다. 그런데 누군가가 일으켜 준다면 제 역할을 충분히 할 수 있다. 실패한 사람도 조금만 도움을 준다면 금방 회복하고 충분히 잘할 수 있을 거라는 걸 표현한 것 같다.”라고 설명했다.

그렇다. 잔디밭에 누운 의자도 누군가 일으켜 주면, 의자의 역할을 할 수 있는 것처럼, 두 번의 실패를 딛고 일어서려고 노력하는 녀석에게 지속적으로 힘이 되어주면 스스로 일어설 것을 나는 믿는다.

편입 시험에 응시했다. 서울에 있는 대학 3학년 편입에 성공했다.

우리 준석이 참 잘했어요!

바람이 머무는 자리

부모님을 뵈러 산소에 간 것은 늦은 여름이었다. 자동차 화물칸에서 연장을 꺼내 산소에 잡풀을 뽑고 잡목을 베면서 살폈다. 그리고 비석 옆에 앉아 무심히 앞을 바라봤다. 어머니 돌아가셨을 적에 심어놓은 지 오십 년이 지난 철쭉나무가 고목이 되었고 주변은 풀이 자라 숲을 이루었다. 나뭇가지에 새집이 있는 것 같다. 가까이 가봤다. 새가 살다가 떠난 빈집이다.

자연만이 존재하는 철쭉나무 근처를 어머니 아버지는 구경나오셨다가 내가 앉았던 자리쯤에서 다리를 쉬셨으리라. 새가 집을 짓고 알을 낳아 품고 새끼가 태어나고 먹이를 물어다 정성껏 기르는 것을 보았지 싶다. 새와 동무 삼아 무료함을 달래면서. 새끼가 자라서 날아갈 때까지. 다리를 쉬었을 것 같다. 얼마나 힘들었을까? 그 자리에 의자를 만들어 놓기로 했다.

한국전쟁이 한창이던 해 아버지가 돌아가셨다. 쉰다섯이었다. 내 나이는 열세 살이었고. 그로부터 어머니와 친척 집에서 더부살이하며 모진 세월을 살아냈다. 학교도 건너뛰면서. 결혼하고 자식 셋을 낳아 기르면서 '새끼들

한테는 배고픈 서러움과 돈 없어서 학교에 다니지 못하는 일이 있어서는 절대 안 된다.'라고 나와 굳게 약속했다. 어머니는 손자 셋을 애지중지 기르다가 일흔여섯 되던 해에 돌아가셨다. 나는 서른일곱에 고아가 되었다.

여름휴가 때였다. 선풍기 바람을 쐬면서 뒹굴다가 갑자기 아버지 생각이 났다. '아! 나에게도 아버지가 계셨지?' 자리에서 벌떡 일어났다. 그길로 충청남도 대덕군 기성면 봉곡리 418번지로 달려갔다. 산소에는 잡풀이 가시덤불과 뒤엉켜 있고 산소는 폐묘와 다름없었다.

그해 경기도 양주시 광적면 덕도리 318번지 선영에 어머니와 합장해 드렸다. 묘역도 넓히고 상석도 다시 만들고 비석도 설치했다. 옷이 해지면 갈아입듯 산소가 훼손되면 흙과 떼를 갈았다. 해동이 되면 보리밭 밟듯 들뜬 뗏장을 밟았다. 5월이 오면 고개를 내밀기 시작하는 잡풀을 뽑고 농약도 뿌렸다. 주변에 잡목도 자라기 전에 베어냈다. 살피고 또 살폈다. 종친회에서 관리하지만, 마음에 차지 않았다. 꽃을 좋아하시던 부모님 산소 주변에 꽃을 심고 가꾸었다. 보는 이 없어도 저 혼자 피고 지는 꽃을 보러 어느 해 늦은 여름에 갔다가 새집을 발견하고 그 자리에 의자를 만들기로 마음먹은 지 여러 해가 지났다.

명동성당에 갔을 때 '숭고한 희생정신과 민주주의를 지키겠다'라는 시대적 정신을 새긴 '오월의 결상'을 보았다. 5·18 영혼이 쉬는 의자, 성당에서도 영혼이 쉬는 의자를 만들어 놓고 숭고한 뜻을 기리는데 나를 낳고 기르고 가르쳐주신 부모님이 나들이 왔다가 쉴 수 있는 자리를 만들어 놓겠다고 작정한 지 수년이 지나도록 마음뿐이었다. 더 늦기 전에 석재상과 상의해서 의자를 만들기로 했다. 화강암으로 흰색과 회색으로 두 개의 의자를.

회색 의자는 등받이 높이를 어른 가슴쯤의 높이로 정했다. 어렸을 적 제사 모실 때면 신주神主를 다리가 긴 교의交倚에 모셔놓고 제사 지내던 일이 생각났다. 교의는 범접할 수 없는 신성한 것으로 지금도 기억된다. 그래서 그 기억을 어머니 아버지 영혼이 쉬시는 의자에 불어넣고 싶었다.

마음먹은 지 여러 해가 지나서야 그 자리에 의자를 만들어 놓았다. 의자 아래쪽에 '바람이 머무는 자리'라고 새겼다. 이제는 부모님께서 마실 나오셨다가 다리 쉬면서 세상 구경하시기 바랄 뿐이다.

제막식

오늘은 한식날이다. 새벽부터 비가 내린다. 온 종일 내린다는 예보다. 메마른 대지에 내리는 단비지만 오늘만은 멈췄으면 좋으련만. 한식 차례뿐만 아니라 지난해 말 부모님 산소에 '바람이 머무는 자리'를 설치해 놓고 오늘 제막식을 하려고 하는 날이다.

옷 가게 주인에게 도면을 보여주며 제막식을 하려는데 천으로 덮개를 만들어달라고 했다. 천 상단에 흰색 줄을 달고. 그리고 남대문시장에서 꽃다발 두 개를 주문했다. 이렇게 제막식에 필요한 물건도 준비했고 진행 순서도 정해놓고 그날만을 기다리고 있다.

종친회원들이 우산을 쓰고 모였다. 나하고 동갑인 조카가 불편한 몸을 이끌고 참석해 주었다. 우천 관계로 제막

除幕은 생략했다. 헌화할 차례다. 조카가 사촌 동생의 부축을 받으며 꽃다발을 바치고 허리를 깊이 숙인다. 그리고 경과보고 등으로 진행했다. 조형물을 소재로 쓴 수필 〈바람이 머무는 자리〉 낭독을 끝으로 우중 제막식이 끝났다.

산소 주위를 둘러봤다. 부풀어 오른 흙을 밟고 삐죽삐죽 내미는 잡풀을 뽑았다. 그리고 산소를 둘러보는데 바람이 휙~ 지나면서 우산도 휩쓸어 갔다. 빗물이 얼굴에 흐른다. 눈물처럼 줄줄 흐르는 빗물이 뜨거운 것 같다. 제막식 날 내리는 비는 뜨거운가 보다.

걱정하지 말아요, 어머니

하루에 한두 번, 아니 수십 번씩 이런저런 일로 걱정하면서 살아간다. '내일 작은 애가 면접인데 좋은 결과를 얻을 수 있을지?' '깜빡하고 마스크를 두고 나왔는데 코로나에 걸리면 어쩌지?' 등 수많은 걱정을 달고 살다가 불안에 빠지기도 한다.

우리 어머니는 자식 걱정이 유별나셨다. 나는 어렸을 적에는 입이 짧은 편이었다. 밥에 콩이나 잡곡이 섞이면 먹지 않았다. 당시 우리나라는 봄이면 보리밥도 못 먹는 사람이 많았다. 이런 춘궁기에도 아버지와 나의 밥은 흰쌀밥이었고 누룽지를 눌려 간식으로 먹었다. 게다가 네발 달린 짐승의 고기를 먹지 못했다. 명절에 떡국을 끓일 때도 고기 대신 꿩이나 닭고기를 넣고 끓였다. 겨울이면 꿩이나 참새를 잡아들이고, 여름이면 닭을 고아 주었다.

아버지 돌아가시고 집안이 기울자 어머니가 삯바느질한 품삯으로 근근이 지냈다. 바느질 집에서 주는 자신의 밥을 가져와 막내아들과 같이 먹는 날이 많았다. 그 무렵부터 네발 달린 짐승이나 두 발 달린 짐승을 가리지 않고 잘 먹었다. 쌀밥이나 보리밥을 가리지 않았다. 그런데 먹을 것이 없었다.

자식이 입이 짧은 것도, 아버지가 일찍 돌아가신 것도, 집안이 기운 것도, 모두가 자신의 탓이라고 했다. 식성이 변했건만 작은 배를 채워주지 못해 걱정하는 어머니였다. 밤길을 걸을 때 "위급할 때 관세음보살을 찾으면 구해주신다."라고 했다. 어머니는 절을 자주 찾는 불자였다.

그 자식이 성장해서 가정을 이루고 대를 이을 손자 셋을 낳았다. 먹고, 자고, 입는 걱정을 하지 않아도 되었다. 한유할 때면 전에 읽던 책을 꺼내 읽고 딸에게 편지를 쓰기도 했다. 편안한 나날이었다. 그즈음 어머니는 먹으면 체했다. 약을 먹어도 차도가 없었다. 자식 걱정할까 봐 쉬쉬

하다가 병원에 갔다. 의사는 위암 말기라고 했다.

음식을 먹으면 토했다. 복통을 호소했다. 얼굴과 몸이 부었다. 그럴 때면 진통제를 놓아야 했다. 그런 어머니 앞에서 밥을 먹는 것조차 죄송한 일이었지만 어찌할 도리가 없었다. 어린 자식들은 '고기 먹고 싶다'라며 보챘다. 밖에서 고기를 먹이는 날이면 '할머니 우리, 고기 먹었다'라고 자랑했다. 할머니는 잘했다면서 이불속에서 서럽게 우셨다. 밤중에 밥을 두서너 숟갈 잡수시는 날이면 통증을 참지 못했다. 그럴 때면 또 응급실을 가야 했다. 마음 편한 날이 없이 늘 긴장해야 했다.

차츰 기력을 차리지 못했다. 병환 중에도 여름이면 '아비에게 용봉탕을 해주어라.'라든지 손자들에게 '용이든 보약을 해주어라.'든지 집안일에 간섭하던 어머니가 여름이 되어도 손자가 훌쩍 자라도 이런저런 말을 하지 않았다. 아니 하지 못했다. 걱정도 힘겨운 것 같았고 그 무렵부터 내가 대신 짊어지게 되었다.

혼수상태가 이따금 이어졌다. 내가 보아도 앞날이 멀지 않은 듯했다. 산소 자리를 정하고 사진을 보여드리며 아버지와 합장해 드리겠다고 했다. 희미한 웃음을 흘리면서 안도하는 표정을 지었다. 위암으로 삼 년을 고생하다가 칠십육 세가 되던 해 가을날 돌아가셨다. 이제는 자식 걱정 내려놓고 편히 가시라며 눈을 감겨드렸다.

아버지와 합장해 드리고 유택도 열심히 보살피고 있다. 자동차 화물칸에는 호미와 전지가위 같은 연장을 넣고 다니면서 산소를 보살핀다. 봄이면 잡풀도 뽑고 잔디도 보충하고 가을이면 갈퀴로 가랑잎을 긁어내면서. 올해는 어머니 아버지가 나들이 왔다가 쉬라고 의자도 만들어 놓았다. 손자 녀석들은 '바람이 머무는 자리'라고 불렀다.

나도 나이가 들어서 그런지 근래 체중이 많이 줄고 시력도 나빠져서 책을 읽거나 글을 쓸 때면 여간 힘든 게 아니다. 그러던 어느 날 어머니 산소에 갔다. 올해 만들어 놓은 그 자리에 흰옷 입은 노인이 앉아 있다. 가까이 갔다. 근심 어린 표정의 노인은 어머니였다. 나를 바라보면서 "관세음보살께 청을 드렸다. 들어주시리라 믿는다."라는 말을 남기고 사라졌다. 눈 깜짝할 새 일어난 일이다.

어머니는 돌아가실 무렵 걱정을 내려놓은 줄 알았다. 그런데 아니었다. 이 세상을 떠난 지 오십 년이 지난 지금도 막내아들을 걱정하면서 뒤를 돌봐주고 계시지 않는가.

이제 괜찮아질 거예요. "걱정하지 말아요, 어머니"

청춘의 향기

고등학교부터 20대 초반까지의 연령대를 청춘이라고 말한다. 젊고 파릇파릇한 나이에 들어서면 청춘이라고 말하는 것이 맞는 것 같다. 사실상 청춘의 기준은 정확히 정할 수 없는 것 같다. 강상중 교수는 나이를 먹어도 '청춘의 요소'를 가지고 있다면 청춘이라고 말했다.

청춘은 젊음이라는 단어와 거의 동의어이지만 끓어오르는 피, 풋풋한 사랑, 겁 없이 뛰어드는 과감함과 도전정신은 젊은 나이에 겪을 수 있는 일이라고 할 수 있다. '할아버지의 젊음'이라는 말은 어색하게 들리지만, '할아버지의 청춘'이라는 말은 자연스럽게 들린다. 수필을 쓰는 모임인 목요수필 회원들의 평균연령이 70대 이상이지만, 스스로 '만년 청춘'이라고 부르며 '청춘의 요소'를 아직도 간직하고 있다고 주장한다. 그들에게 청춘의 요소는 문학의 힘이라고 생각된다.

민태원(1894~1935)은 《청춘 예찬》에서 "청춘! 이는 듣기만 해도 가슴이 설레는 말이다. … (중략) 청춘은 인생의 황금시대다. 우리는 이 황금시대의 가치를 충분히 발휘하기 위하여, 이 황금시대를 영원히 붙잡아 두기 위하여, 힘차게 노래하며 힘차게 약동하자고 했다." 인생을 사계절에 비유하면 봄에 해당하는 것이 청춘 시절인 것 같다.

청춘은 의문과 불안으로 고민하는 시기다. 이런 청춘 가운데 아직 이십 대인데도 현실에 안주하며 꿈꾸지 않고 평안한 생활을 하고자 하는 사람도 많다고 한다. 이는 정기가 모두 빠져나간 바싹 마른 애늙은이와 다를 바 없겠다. 그렇다면 청춘은 나이와 관계가 없지 않을까 하는 생각이 든다.

나는 젊을 때부터 걱정과 고민이 많은 소심한 사람이었다. 나이 들어서도 달라지지 않았다. 이런 생각 때문인지 "젊다"는 말을 자주 듣는다. 어쩌면 아직도 '청춘의 요소'를 가지고 있기 때문이라고 긍정적으로 생각하며 다독인다.

착오를 되풀이하다 보면 원숙해진다. 인간이 성장한다는 것은 원숙해지는 것이다. 목요수필 회원들이 고령임에도 '거리 두기' 하던 시절에도 쉬지 않고 찻집에서 합평회를 했다. 자신이 쓴 글을 고치고 또 고쳐도 성에 차지 않아 고민하면서 쓴 글을 모아 책을 엮는 것은 청춘의 향기를 아직도 간직하고 있기 때문이다. 자신을 만난 청춘이라 부르고 있다. 그들은 미숙함을 감추려 하지 않는다. 다시 설 수 있는 힘이 있기 때문이다.

나는 아직 청춘의 향기를 지니고 있는가?

제3부

가난하다고 해서 사랑을 모르겠는가

로봇과 더불어 살아야 하는 세상

오랜만에 자주 다니던 경양식집에 갔다. '리스본레스토랑'으로 상호가 바뀌었다. 안으로 들어갔다. 시설도 집기도 바뀌었다. '명동 경양식집'이 맞느냐고 물었다. 맞는다고 한다. 주인도 옛날 그분이라고 한다. 우선 안심이 되었다. 계산대에는 직원 대신 단말기가 설치되어 있다. 눌렀다. 차림표가 뜬다. 티본스테이크, 스파게티 등 영어로 된 음식 이름이. 가격도 만만치 않다. 내가 원하는 음식을 찾기 위해서 자꾸 눌렀다. 뒤에서 차례를 기다리고 있는데 헤매고 있으니 미안할 따름이다. 여기저기를 댔다 뗐다가 가까스로 '함박스테이크'를 찾아냈다. 추억이 서린 음식을 주문하고 비어 있는 1인석에 앉았다. 한참 동안 기다리고 나니 로봇이 주문한 음식을 가지고 왔다.

낯설었다. 나는 낯선 사람을 만나도 낯선 장소에 가도 긴장된다. 올해가 반이 지나고 있지만 낯선 사람과 차 마신 적이 한 번도 없다. 익숙한 곳을 찾아온다는 것이 상호도 바뀌고 주문도 기계가 하고 배달도 로봇이 하는 미래에나 볼 수 있는 낯선 곳에 온 것 같다.

내가 경양식집에서 함박스테이크를 먹은 것이 고등학교 때였다. 이종사촌 누님이 운영하는 집이었다. 당시 1인당 국민소득이 100달러도 안 되는 세계에서 가장 가난한 나라 국민이, 구호물자에 의존하는 가난한 집 자식이 난생처음 먹어보는 서양 음식이었다. 어렵게 고등학교에 입학한 나를 초대한 자리였다.

어머니와 문에 들어서자, 빵 굽는 냄새, 과자 냄새 같은 서양 냄새가 훅 들어왔다. 갑자기 시장기가 몰려왔다. 영화에서나 보았던 식탁에 앉았다. 함박스테이크라고 했다. 집에서는 숟가락과 젓가락을 사용하는데 서양식당에서는 '포크와 나이프'를 사용한다. 어머니는 미리 썰어온 음식을 포크로 찍어 먹었다. 한쪽 먹다가 한쪽을 내 앞에 놓으면서. 입에 넣자마자 녹았다. 씹을 필요가 없었다. 부드러운 서양 음식을 '마파람에 게 눈 감추듯' 먹었다.

서양음악이 잔잔하게 깔렸다. 처량한 듯, 차분한 듯 서글프게 들리는 애수 어린 가락이 흐르고 있다. 찡한 마음이 치밀어 올랐다. 패티 페이지의 〈테니스 왈츠〉라고 했다.

그 후 고등학교를 졸업하고 직장생활을 시작했다. 회식할 때 경양식집에 가자면 모두가 좋아했다. 특히 여직원들은 엄지척하며 환영했다. 가끔 친구들과도 다녔다. 명동 경양식집은 단골집이 되었다. 그런데 오랜만에 찾아온 그 집은 기계로 주문하고 로봇이 배달하는 낯선 집으로 바뀌었다.

요즘에는 제조업과 서비스산업에도 로봇이 도입되어 변화를 불러오고 있다. 물류 로봇이 주문한 상품을 창고에서 찾아내어 차에 실어주고 재고 파악도 해서 시간과 비용을 절약하고 있다. 편의점에서도 로봇이 매장을 관리하는 곳이 늘고 있다. 담배를 달라고 하면 "담배는 몸에 해로우니 끊어보세요"라고 금연을 권유한다. 비대면 시대에 고객과 대화하며 물건을 파는 인간적인 곳이다. 안면인식 기능이 있어 단골손님 얼굴을 기억했다가 "또 와줘서 고맙다"라는 인사도 한다. 사람은 일관된 서비스가 어렵지만, 로봇은 한결같은 서비스를 할 수 있다. 서로의 장단점을 보완하면 인간과 로봇이 공존하는 세상을 기대하게 한다.

사람이 가장 의존하는 기계가 손전화라고 한다면 그 자리를 로봇이 차지할지도 모른다. 손전화로 인해 대화가 단절되고 있다면 로봇은 인간과 외로운 감정을 나누면서 위로받을 수 있지 않겠는가. 로봇과 더불어 살아야 하는 세상을 상상해 본다.

로봇과 더불어 살면서도 직원이 주문받고, 음식 날라다 주고, 반찬 더 가져다주는 그런 음식점을 찾아다니고 싶다. 과거와 현재가 공존하는 세상을 꿈꾸면서.

그 숲에 가면

우리 집에서 서쪽으로 이십여 리를 가면 서삼릉이다. 그중 시오리 길은 평범한 시내를 지나지만 나머지 오리 길은 숲속을 지나는 꼬불꼬불하고 울퉁불퉁한 길이다. 서삼릉, 그 숲에 가면 지리산 둘레 길을 달리던 일이, 다시 갈 수 없는 그 여행지에서 숲길을 달리던 일들이 떠오른다. 사진첩을 넘기듯 지난 일들을 되짚어본다.

그 숲에 가면 길이 좁아졌다가 넓어졌다 한다. 앞에서 차가 오면, 서야 하고 파인 웅덩이를 손보지 않아 엉덩방아를 찧는 구간도 있다. 도로보수를 늦게 해도 말썽나지 않는 숲길은 쓰시마에 갔을 때 삼나무가 끝없이 펼쳐지는 숲길이 떠오른다. 앞에서 차가 오면 보내고 달려야 하는 좁은 길이. 그래도 운전기사는 밝은 표정으로 앞차 와 거수경례로 인사를 나누며 미끄러지듯 달린다. 불편함을 견디면 자연을 보전하고 수익도 창출할 수 있음을 아는 듯한 표정으로. 서삼릉 숲길에서 달려오는 차를 만날 때면 쓰시마 삼나무 외길이 겹쳐진다.

서삼릉 숲은 땅과 숲이 한데 어울려 상쾌한 바람을 만들어 준다. 오래된 숲으로 깨끗해진 공기가 맴돌고 부는 바람이 숲을 씻어준다. 우측으로 가야 하는 서삼릉 길을 모르는 체하고 그냥 달리다 보면 갑자기 앞이 환해진다. 바로 서삼릉 보리밥집 앞이다. 소년 시절 물리게 먹던 보리밥이 지금은 별식이 되어 고추장에 쓱쓱 비벼 먹고 가다 보면 찻집이 나타난다.

그 찻집은 서삼릉에서 원당역으로 가는 길모퉁이에 있

는 외딴집이다. 지하층과 지상 1, 2층이 찻집이다. 1층은 빵도 굽고 피자도 만들어 젊은이를 자주 볼 수 있다. 찻잔을 들고 삐걱거리는 나무 계단을 올라 2층으로 간다. 나무 계단을 오를 때면 그림 배우러 파리로 떠난 손자의 안부가 궁금해서 뒤쫓아갔을 때 소년은 나무 계단을 오르내리는 오래된 아파트 꼭대기 층에 살고 있었다. 찻집 계단을 오를 때면 소년이 살던 아파트 나무 계단이 떠오른다.

그 찻집은 창문이 많은 집이다. 풍경을 담고 있는 창문을 중심으로 탁자를 배치했다. 차 마시며 바깥 풍경을 즐기라는 주인의 배려인 듯싶다. 궁궐이나 여염집에서 창문으로 바깥 풍경을 차경借景 했듯이. 한쪽 벽면을 통유리로 만들어놓고 그 가운데 탁자가 있는 자리에 앉아 서삼릉 숲을 바라본다.

유현준 건축가는 창은 안과 밖을 소통하기 위해 벽을 뚫은 구멍이다. 그 구멍으로 소리가 들리고 햇빛도 비취고 바람도 드나든다. 창은 풍경을 담는 액자와 같다. 선조들은 창을 통해 변하는 풍경을 보며 즐겼다. 물감으로 그린 그림이 아니라 실제이니 사실적이다. 벽에 걸려 있는 값비싼 그림과 달리 창을 통해 소유하지 않고 잠시 경치를 빌려볼 뿐이라고 말했다.

창가 그 자리에 앉으면 너른 밭에서는 옥수수, 감자, 호박이 익어가고 밭 가운데 송전탑이 버티고 있다. 밭 건너 서삼릉 숲과 새 떼가 어지러이 하늘을 난다. 궁궐이나 한옥에서 창문이나 문을 통해서 바깥 풍경을 빌려서 보았듯, 나도 창문을 통해서 너른 밭과 서삼릉 풍경을 바라본다.

이제는 산에 오르기가 힘들고 비행기에서 십여 시간 버티기는 더욱 힘들다. 고속도로를 달리기가 두려워 이면도로를 기준 속도 이하로 달리지만, 아직도 운전대를 놓지 못하고 있다. 그래도 가고 싶고, 보고 싶은 마음은 더 간절하다. 서삼릉 숲을 또 찾는다. 그 숲에 가면 내가 다니던 지역의 풍경이 떠오르고 가보고 싶은 곳의 풍경도 그려보며 그곳을 달리듯 숲길을 달린다. 길가 모퉁이에 있는 찻집 창가에서 바깥 풍경을 바라보며 사진첩을 넘기듯 지난날의 기억을 넘긴다.

그래서 그 숲을 가고 또 간다.

철새만 사는 섬, 유부도

서해안에 있는 섬을 검색했다. '철새만 사는 섬, 유부도'라는 문자가 뜬다. 자세히 봤다. 주민 30여 명이 잠시 쉬어가는 철새와 함께 동죽과 바지락을 캐며 사는 섬이라는 말에 마음이 끌린다. 그곳에 가려면 정기여객선 대신 어선을 뒷거래해서 타고 가야 한다는 말에 더욱 솔깃해진다. 김 선장 전화번호가 뜬다. 걸었다. 노인들이 조개 캐는 섬이 여유. 여관도 식당도 가게도 없어유. 새를 보러 오시나유? 자기 집에서 먹고 잘 수 있다면서 볼 것이라곤 억새와 철새뿐이라며 후회하지 말라는 말에 힘을 준다.

짐을 꾸렸다. 지난해 말 공직에서 정년퇴직한 둘째 아들 생각이 난다. 문자를 보냈다. 동참하겠단다. 고맙다. 아들이 운전하는 차를 타고 서해안 길을 달린다. 단둘이 떠나는 것은 부자로 인연을 맺은 뒤 처음이다. 어색하고 부자연스러움이 가실 때쯤 군산항에 도착했다.

항구 근처 찻집에 들렀다. 아들은 세월호 사건 이후부터 배가 가라앉는 모습이 떠올라 배를 타지 않는다고 한다. 당시의 충격이 컸던 것 같다. 결 고운 심성이 느껴진다. 나는 섬에서 아들은 육지에서 따로 보내고 다음 날 같이하기로 했다. 카드를 주었다. 질색한다, 차탁에 놓고 일어났다.

김 선장의 작은 어선에 올랐다. 늙수그레한 여인이 앉아 있다. 아내라고 한다. 며칠 전 감기가 심해져서 군산병원에 갔다가 딸네 집에 다녀온다고 한다. 딸은 군산에서 간호사로 일하고 아들은 목포에서 중장비 기사로 일한다고 한다. 조개 캐서 아들딸 기르고 가르쳐서 지금은 걱정 없다면서 검게 그은 얼굴에 미소가 번진다. 얼굴에 주름이 파이도록 검은 머리 백발이 되도록 애 많이 쓰셨다. 다 왔다면서 속력을 줄인다. 큰 섬 같으면 다리를 놓고 육지 못지않게 개발했을 텐데 어선을 뒷거래로 타고 가야 하는 외면 받는 섬, 유부도에 내렸다.

섬을 둘러본다. 2월인데도 뺨에 스치는 바람이 보드랍다. 겨우내 봄 맞을 준비를 했나 보다. 길이 움푹 파여 있고 응달에는 잔설이 남아있다. 그림 같은 풍경이 끊겼다 이어지는 울퉁불퉁한 길을 걷는다. 아차 하면 발목을 접질릴 것 같아 조심조심 걷는다. 억새가 군락을 이루고 있다. 김 선장이 말한 그 억새 같다. 물보라 소리가 들린다. 바다가 지척인 듯싶다. 나무도 억새도 풀도 생긴 그대로 산다. 유부도는 거친 섬이다. 다듬고 고치는 것에 익숙한 도시 사람들에게는 거칠고 황량한 풍경이 낯설다.

억새 사이를 비집고 걷는다. 파도 소리가 들린다. 끝없는 갯벌이 펼쳐진다. 물살이 밀려와 부딪히면 물거품이 인다. 물러갔다 잠시 뒤 또 밀려와 물거품을 만들기를 되풀이하는 갯벌을 따라 조개껍질이 하얀 띠를 이루고 있다. 철새가 가득하다. 그중 눈에 띄는 새가 있다. 길고 가는 주황색 부리에 검정 예복을 입은 듯이 배는 희고 둥근 검정 머리 물떼새다. 길고 딱딱한 부리로 조개껍질을 비틀어 속살을 꺼내먹는다. 멸종위기 야생 동물 2급과 천연기념물 제326호로 지정하여 보호하는 귀한 새, 4천여 마리가 여기서 겨울을 난다.

십 리가 넘는 해안선에 바지락, 백합, 동죽 등이 풍족하다. 새들은 어찌 알고 용케 찾아온다. 새들이 파먹은 어패류의 하얀 껍질이 띠를 이루는 갯벌은 한없이 넓고 넉넉하다. 장관이다. 무심히 걷는데 인기척이 난다. 걷기를 멈추고 사방을 둘러봤다. 쌍안경으로 백여 미터 앞에서 먹이 활동을 하는 철새를 관찰하는 탐조객들이다. 사진을 찍는 사람들이다. 유부도는 천천히 봐야 보이기 시작하는 섬이다.

쌍안경으로 새들을 보았다. 새의 크기와 몸의 형태, 깃털의 무늬 등을 맨눈으로 볼 때보다 더 상세하게 보니 신기하다. 날갯짓하는 모양과 새들이 내는 소리가 들린다. 같은 새라도 일상적인 지저귐, 짝짓기를 위해 상대를 유혹하는 소리, 천적에 대한 경고음 등 상황에 따라 서로 다른 소리를 내는 새를 관찰하는 데 전화가 걸려 온다. 저녁밥이 다됐으니 어서 오라고 한다.

낚시로 잡아서 꾸덕꾸덕하게 말렸다가 구웠다는 우럭 한 마리. 백합탕 한 사발과 낙지회 한 접시. 손수 잡고 캔 해산물이다. 비닐 온실에서 기른 상추 겉절이 한 탕기. 김제 만경평야에서 수확한 쌀로 지은 하얀 쌀밥에서 김이 모락모락 난다. 고봉밥이다. 그릇 위로 올라온 밥을 덜었다. 그래도 다 먹지 못할 것 같다.

14살 때였던 것 같다. 6·25전쟁 무렵 나는 군부대에서 심부름하고 있었다. 부대 식당에서 군인과 똑같은 양의 밥을 먹는데도 숟가락을 놓기 전에 헛헛했다. 꾀를 냈다. "짜서 그러는데 밥 좀 더 주세요" 식당 아주머니는 안쓰럽게 바라보면서 "네가 많이 주렸구나…." 혀를 차며 주걱으로 꾹꾹 눌러 주었다. 또 게 눈 감추듯이 먹었다. 생선요리에 고봉밥을 먹으면서 70여 년 전 일들이 선명하게 그려진다. 눈가에 물기가 번진다. 닦았다. 뺨으로 흐른다. 개의치 않고 볼이 터지라, 밀어 넣는다.

주인 할머니가 선물로 싸준 동죽과 백합이든 봉지를 들고 배를 탔다. 방파제 쪽으로 간다. 새를 보여주기 위함인 것 같다. 마지막 선물이다. 고맙다. 방파제 근처에서 엔진을 끈다. 쌍안경 너머로 보았던 검정 머리 물떼새가 눈앞에 있다. 방파제 가득 앉아 있다가 인기척에 놀라 허공으로 날아오른다. 순식간에 지척에서 벌어지는 장관이다. 어선은 푸른 하늘에 검은 점을 찍으며 어지러이 나르는 바다를 지나 군산항 끝머리 방파제로 접근한다.

손을 흔든다. 나도 흔든다. 손 흔드는 사람을 알아볼 정도로 육지와 가까워졌다. 둘째 아들이 마중 나왔다. 뱃머리에서 방파제 위로 기어오르는데 내 손을 잡아 끈다. 따뜻한 온기가 전해진다. 쳐다봤다. 아들 손이다. 꽉 잡았다.

따로 또 같이하는 섬 여행

우리 집 쪽마루에 있는 댕댕이잎이 물들기 시작할 무렵 나는 짐을 꾸린다. 올해 두 번이나 운행 중에 시동이 꺼져 당황스럽게 했던 그 차에 시동을 걸었다. 부르릉부르릉 힘찬 소리를 낸다. 내친김에 달렸다. 합정역에서 둘째 아들을 태우고 삼목선착장으로 갔다. 사십여 분이면 들어가는 장봉도長峰島 가는 배를 타러.

지난여름에는 질병으로 시달렸다. 올해 여름은 잠을 설치는 뜨거운 날이 한 달 넘게 계속되었다. 냉방기보다는 선풍기를 더 가까이하는 나지만, 올여름은 예외였다. 낮에는 물론 밤에도 틀어놓아야 잠들 수 있었다. 여름이 끝나갈 무렵 눈이 따갑고 가슴도 답답하고 때로는 어지럽기도 했다. 피로감이 쌓였다. 의사는 냉방병이라고 했다. 난생

처음 앓아보는 병이다. 막냇손자에게 물었다. “덥지?” “견딜 만해요”라고 대답한다. 그렇다 같은 환경에서도 견딜 만한 사람이 있고 견디기 힘든 사람이 있다.

아침저녁으로 서늘한 바람이 불었다. 살 것 같다. 밤에는 냉방기를 끄고 선풍기를 돌렸다. 견딜 만하다. 어느 날 아침에 눈을 떴다. 기침이 났다. 목이 잠겨 말이 나오지 않았다. 새벽녘에 선뜻하더니 그냥 지나치지 않고 짓궂은 선물을 안긴다. 낮에는 덥고 밤에는 한기가 스민다. 계절이 바뀌는 틈새에 끼어 기침을 해댔다. 의사는 “면역력이 떨어져서 그렇다”며 미지근한 물을 마시며 쉬라고 했다.

수시로 기침이 났다. 대중교통을 이용할 때 기침이 나면 얼른 사탕을 입에 물며 참는다. 마스크를 쓰고 동네를 걷다가 삐끗했다. 왼쪽 무릎이 결린다. 몇 발짝 걷는데 허리도 아프다. 한때 축구선수였던 막냇손자 같았으면 툭툭 털고 일어날 일인데 나에게는 치명적인 것 같다. 이웃집에서 김장하고 보낸 생굴 무침과 수육을 쌈 배추에 싸서 모처럼 배부르게 먹었다. 밤중에 화장실에 갔다. 좀 있다가 또 갔다. 문턱이 닳게 들락거리며 소화제를 먹어도 차도가 없다. 병원에 갔다. 장염이라면서 “아직 더워서 굴을 잘못 먹으면 탈이 난다”라며 조심하라고 한다. 몇 달 사이에 몸 여기저기서 난리가 났다. 인체에 방어력이 허물어지는 것 같았다.

약봉지를 늘어놓고 입에 털어 넣다 보면 울렁거려 토할 것 같다. 여기가 좋아지면 저기가 탈 나고 또 좋아지면 또 탈이 났다. 입맛도 없고 먹는 게 부실해서 그런지 뱃살도 빠지고 걸을 때는 휘청거렸다. '이러다가 일 당하는 것 아닌가?' 싶다. 은근히 걱정하던 폐렴이 아니길 바라며 병원에 가서 사진을 찍었다. 이상 없다는 판정을 받는 순간 아직은 이런 병으로 못 일어나지는 않을 것 같다는 자신감이 생겼다. 털고 일어나 짐을 꾸렸다. 섬으로 떠나기 전날 정년퇴직한 둘째 아들에게 동행하지 않겠냐는 문자를 보냈다. 조건을 붙였다. 내 카드로 결재할 것과 따로 또 같이하는 자유로운 여행하기가 조건이다. 동행하겠다는 답이 왔다. 고맙다.

장봉도 선착장에 내렸다. 물살이 뱃전을 때리고 갈매기 나는 포구에서 부는 바람이 상쾌했다. 이래서 섬에 간다. 오랜만에 느끼는 감정에 취해있는데 점심을 먹으러 가자고 한다. 배에서 검색한 맛집으로. 두말하지 않고 따라나섰다.

팔십이 넘은 노부부는 근처 바다에 나가 굴, 조개, 백합,

낙지를 잡아다가 손바닥만 한 가게에서 음식을 만든다. 굼뜨고 어리어리하지만, 연포탕 잘 끓이기로 소문난 집이다. 연포탕을 시켰다. 맑은 국물 맛을 내기 위해 무, 배추, 미나리 등을 적당히 넣고 끓인 국물이 담백하다. 전라도가 고향이라는 할머니는 전라도 해안에서는 연포탕이 유명하다면서 기운 차리는데 그만이라고 했다.

직접 담근 굴젓을 먹어보라고 한다. 심심하고 담백하다. 아내가 좋아할 것 같다. 두 통을 샀다. 겨울에는 굴을 캐다가 주문 판매하느라 바쁘다고 한다. 정신없이 먹었다. 만복이다. 아들의 배려와 할머니의 정성으로 마음도 부르다. 힘이 불끈 솟는 기분이다. 숟가락을 놓으니 노곤해진다. 스르르 눈이 감긴다. 아들과 같이 민박집에서 짐 풀고 맛난 음식 먹고 부자유친父子有親을 생각하면서 숙소로 돌아왔다. 같이하는 여행이다.

다음날은 따로 다니기로 했다. 아들은 해변 따라 길게 뻗은 산과 바다가 어우러진 길을 걷고 나는 바닷가를 둘러보기로 했다. 따로 하는 여행이다. 바다 위에 크고 작은 봉우리가 울퉁불퉁 솟아있다. 능선 따라 난 길을 걷는다. 밀물 때는 바닷물에 잠기고 썰물 때 드러나는 모랫길도 걷는다. '봉우리가 길게 늘어선 섬'이라서 장봉도라 불리는 섬. 야트막한 능선과 해안을 따라가다 보면 바다를 옆에 끼고 걷는 해안 길이 나온다. 눈에 들어오는 바다는 투명하다. 파란색이다. 갯벌과 갯바위가 만나고 흙과 바위를 오르내린다. 한참 걷다 보면 풀등과 갯벌이 드러난 길을 아들이 걷고 있다.

나는 아들과 약속한 하산지점에 차를 세워놓고 어슬렁거렸다. 바람이 차다. 아직도 기침을 해대는 나는 또 사탕 한 알을 입에 문다. 병약해진 내가 낯설고 마땅치 않다. 몇 달 전만 해도 아들이 걷는 길쯤은 쉽게 갈 수 있었는데. 내일을 장담할 수 없는 나인 것 같다. 근처를 둘러봤다. 찻집이 눈에 들어온다. 바다가 보이는 자리에 앉아 따듯한 카모마일을 주문했다.

널찍한 '아버지 땅'에다 집을 짓고 나무와 꽃을 기르면서 차를 끓이고 빵도 굽는다는 젊은 주인이 찻잔을 놓고 간다. 찻잔 옆에 과자 한 개가 놓여 있다. 온기가 전해온다. 차 주머니를 건져놓았다. 원산지 표시에 '체코'라고 적혀 있다. 이 차는 팔천여 킬로미터나 떨어진 곳에서 여기까지 왔다. 십여 년 전에 프라하에서 슬로바키아로 가는 도중 산간지방에서 하룻밤을 묵었던 적이 있다. 넓은 벌판에 흰색 노란색 야생화가 가득 피어있었다. 방에는 찻잔과 카모마일 봉지도 준비해 놓았다. 물을 데워서 차를 마시며 벌판을 바라보았다. 벌판에 핀 꽃은 카모마일이었다. 국화과 여러해살이풀. 사월쯤이면 꽃을 피우기 시작해서 여름 내내 피고 지는 꽃을 바라보며 차를 마셨다. 카모마일 향이 벌판을 감싸며 평안함을 안겨준다. 그때부터 카모마일 차를 즐겨 마시게 되었다.

그 지방에서 수확한 것이 어떤 경로로 휴전선 북한군 초소가 지척인 옹진군 북도면 바닷가 찻집까지 왔을까? 슬로바키아 가는 산간에서 수확한 그 차를 지금 마시는 것만 같은 착각을 하며 목을 축인다. 다 왔다는 문자가 온다. 아들을 태우고 식당으로 갔다. 지금부터는 같이하는 여행이다.

따로 또는 같이하는 섬 살기를 끝내고 돌아가는 길이다. 합정역에서 아들을 내려주고 혼자 달린다. 바닷바람을 쐬어도 몸이 여전히 편치 않다. 기침이 나서 더 힘들다. 대학병원에 가서 검사를 했다. 전산화 단층촬영을 하고 집으로 가는데 문자가 왔다. 확인했다. 소포가 배달되었다는 문자다. 둘째 아들이 연포탕 집에서 굴을 주문해서 보냈다. 서둘러 걷는다.

그날의 풍경

오늘은 5월 8일이다. 하늘 맑고 드높은데 훈풍이 머리카락을 날리는 기분 좋은 날이다. 어지간한 식당이나 찻집에 빈자리가 없을 것 같은데 두 늙은이가 외식하는 것도 그렇다. 아내가 차려주는 점심을 먹고 밖으로 나왔다. 오늘만은 나를 알아볼 사람이 없는 타동네를 걷기로 했다.

연두색 잎이 삐죽삐죽 고개를 내미는 길을 한참 걸었다. 옷에 땀이 밴다. 길가 의자에 앉아 웃옷 단추를 풀었다. 헐렁해진 사이로 봄바람이 스며들어 땀을 걷어낸다.

뽀송뽀송한 느낌이 상쾌하다. 나오길 잘했다. 또 얼마를 걷다가 무거워진 다리도 쉴 겸 찻집 문을 열었다. 빈자리가 보이지 않는다. 젊은이와 동반한 늙수그레한 사람들도 꽤 있다. 출입문 쪽 창문을 향하여 만들어 놓은 1인석이 비었다. 얼른 책을 놓고 무인 단말기에서 아메리카노 더운 것 한 잔을 주문했다. 35번을 부른다. 번호표를 보여주고 찻잔을 들고 자리로 왔다.

옆자리에는 중장비 기사 느낌인 건장한 중년남성이 차 두 잔을 놓고 앉아 있다. 이어서 젊은 여성이 앉는다. 부녀 같다. 말없이 차를 마시다가 손전화를 검색하다가 또 차를 마시기를 반복한다. 말 대신 표정과 몸짓으로 대화하는 것 같다. 딸이 가로수 옆으로 간다. 가로수에 가려져 잘 보이지 않는다. 궁금하다. 몸을 옆으로 길게 빼서 담배를 피우고 있는 여성을 찾아냈다. 한참 뒤에 아버지가 밖으로 나간다. 그도 담배를 피우고 들어온다. 부녀의 임무교대다. 찻잔에 있는 얼음을 우두둑우두둑 씹어 먹는다. 알뜰하게 비운 잔을 아버지가 반납하고 부녀는 밖으로 나가 건널목 앞에 선다. 신호가 바뀌자, 아버지는 건너가고 딸은 선 자리에서 아버지의 뒷모습을 바라보며 또 담배에 불을 붙인다. 몸짓연기자의 공연과도 같았다.

부녀가 앉던 자리에 여성 둘이 앉는다. 옆에 앉은 여인은 70대쯤 돼 보인다. 나이에 비해 짙은 화장이 반백의 머리와 잘 어울린다. '명품 가방'에서 전화기를 꺼내 검색하는 동작도 기품 있어 보인다. 검은색 옷인데 모르긴 해도 값깨나 나갈 것 같다. 세련미가 흐른다.

40대쯤 돼 보이는 여인은 머리를 질끈 묶고 화장기 없는 얼굴이 볕에 그을린 듯 거칠어 보인다. 등산복 차림에 작은 배낭을 옆자리에 내려놓는다. 몸이 가냘파 보이지만 다부진 느낌을 주는 인상이 만만치 않다. 세상과 맞닥뜨린 관록이 있어 보인다. 서로 다르게 살아온 이력이 묻어나는 두 여인이다.

차를 한 모금 마신 뒤 "엄마, 여기가 어때?"라면서 손전화 화면을 노인 눈앞에 들이댄다. 엄마라고 부르는 소리에 흠칫했다. 두 여인을 번갈아 바라보았다. 대조적으로 보이는 두 여인은 모녀였다. 너무나 다른 환경에서 지내왔고 지내고 있는 것처럼 보인다. "엄마 수목원이 좋을 것 같아. 마음에 드는 것은 노인을 위해서 걷기 편하게 산책길을 만들어 놓았대."라고 큰 소리로 말하면서 눈치를 살핀다. 딸은 오랜만에 단둘이 떠나는 당일치기 여행에 들떠있는 것 같다. 택시나 대중교통을 이용하고 유원지 근처 식당에서 점심을 먹는 조촐한 여행 계획을 세우며 모녀의 정을 미리 만끽하는 것만 같다. 그러나 엄마는 하다못해 일본이나 동남아 도시로 가는 줄 알았는데 당일치기 수목원 여행계획서에 겉으로는 가타부타 말이 없지만, 속으로는 서명을 거부한 표정이다.

옆자리에 앉은 모녀는 내가 알아들을 수 없을 정도로 작은 소리로 이어갔다. 어쩌면 나를 의식하였는지도 모를 일이다. 딸은 찻잔을 정리해서 반납하러 가고 엄마는 명품 가방을 옆구리에 끼고 일어난다. 모녀가 출입문을 열고 밖으로 나가는 모습이 유리창에 비친다. 엄마와 딸은 반대 방향으로 걸어간다. 이내 유리창에서 사라진다. 모녀가 앉았던 자리를 바라보면서 딸의 계획대로 수목원에 가는 모녀를 상상해 본다.

국경일과 기념일이 50여 일이나 된다. 그 많은 날 중에 5월 8일은 어버이날이다. 부모를 기념하는 이날은 부모·자식이 만나 밥 먹고 차 마시며 관계를 이어가기도 한다. 그날 찻집에서 만난 그들이 풍경이 된다.

론강의 별이 빛나는 밤

빈센트 반 고흐의 〈론강의 별이 빛나는 밤〉을 처음으로 본 것은 9년 전 우리 집 장손 태석이와 오세르 미술관에서다. 내가 기억하는 〈별이 빛나는 밤〉은 생레미 요양원에서 달과 밤하늘의 별을 휘몰아치는 물결의 모습으로 그린 작품이다. 그런데 두 사람의 연인을 전경에 두고 반짝이는 별들이 가득하고 강물에 비친 불빛의 그림자가 길게 드리운 그림이다. 포근하게 안겨 온다. 다시 봤다. 〈론강의 별이 빛나는 밤〉이라고 쓰여 있다.

반 고흐가 수백 년의 역사를 자랑하는 아름다운 도시

아를에 도착하던 첫해였다. 론강의 평범한 풍경에서 아름다움과 경이로움을 발견하고 그 풍경이 얼마나 놀라운지 보여주기 위해 그렸다는 작품임을 늦게야 알게 되었다. 〈별이 빛나는 밤〉은 울고 싶은 사람과 함께 우는 작품이라면 〈론강의 별이 빛나는 밤〉은 조용히 미소 지으며 볼 수 있는 작품 같다.

우리 집 장손 태석이는 고등학교를 졸업하자마자 미술을 배우러 파리로 갔다. 외롭게 자란 녀석을 보내놓고 마음만 태우다가 떠난 지 1년 만에 찾아갔다. 녀석의 손을 잡고 반 고흐가 마지막을 보낸 오베르 쉬르 우아즈에 갔다. 그가 머물렀던 라부 여관을 지나 밀밭으로 가는 언덕길을 오르면 고흐의 그림 속의 교회가 보인다. 텅 빈 교회는 적막감이 감돌았다. 햇살이 색 유리창을 통과해 색색의 그림자를 만들어내는 제단 앞에서 두 손을 모았다.

1890년 6월 반 고흐의 나이 37세. 그가 오베르 교회를 그리기 위해 이젤을 세운다. 교회 오른쪽에는 고흐가 묻힐 묘지가 있고 묘지 옆엔 그가 마지막 그릴 밀밭이 있다. 고흐는 그것도 모르고 그림만 그린다. 언덕길을 올라갔다. '까마귀가 나는 밀밭'이 보인다. 그 밀밭 맞은편에 작은 공동묘지가 있다. 태석이가 이리저리 다니다가 무덤을 찾았다고 손짓한다. 석판에 이름과 생몰년生沒年이 적혀 있는 소박한 무덤이다. 진한 삶을 살다 간 고독한 화가의 무덤 앞에서 합장했다.

돌아오기 전날 오세르 미술관에 갔을 때 〈론강의 별이 빛나는 밤〉을 처음 봤다. 볼수록 끌렸다. 아를에 가서 현장을 보고 싶었다. 그렇지만 내일이면 돌아가야 한다. 아쉽다. 녀석의 졸업식에 오면 아를에 가서 론강을 걸으며 고흐의 흔적을 찾아보겠다고 마음먹었다.

8년이 마디게 지나갔다. 또 파리에 왔다. 녀석의 졸업작품전시회장을 들러보고 파리 리옹역에서 아를 가는 기차를 탔다. 반 고흐는 35살 되던 해인 1888년 2월 눈 내리는 날 아를에 도착했다. 그로부터 134년이 지난 뒤 그의 흔적을 좇아 아를역에 도착했다. 코로나바이러스가 창궐하는 환란의 시기에 마스크를 쓰고.

네덜란드 출신 반 고흐가 찾아왔을 때처럼 아를은 여전히 많은 색과 빛을 담고 있는 눈부신 도시다. 한강처럼 아를 시내를 가로지르는 론강은 스위스 론 빙하에서 시작하여 지중해로 흐른다. 산책로에는 젊은 여인들이 느리게 걷고 있다. 고흐의 그림 속에 나오는 연인 같다. 방파제에 반 고흐의 그림 〈론강의 별이 빛나는 밤〉이 걸려있다. 여기서 그림을 그렸다는 해설문을 태석이가 읽어준다. 햇볕 따가운 데 건조한 바람이 열기를 걷어간다. 평범한 풍경에서 아름다움을 발견하고 그려낸 작품. 그의 편안함을 보는듯해서 마음에 든다. 그때만 해도 고흐의 영혼은 편안했던 것 같다.

그 방파제에서 2분만 가면 고흐가 살던 '노란 집'이다. 제1차 세계대전 때 파괴된 뒤 그 자리에 현대식 건물이 들어섰다. 표지판 앞에서 '노란 집' 터를 바라보며 백여 년 전의 일들을 상상해 본다. 고흐에게 노란 집을 소개해 주었고 이사할 때도 짐을 보관해 주던 지누 부인이 길거리를 서성인다. 모델료가 없어서 늙은 창녀 시엔을 모델로 그림을 그리는 고흐의 그림자가 어른거린다. 시엔과 동거하면서 그린 〈슬픔〉을 걸어놓고 '나는 시엔을 버릴 수가 없어. 하지만 시엔 때문에 아버지를 버렸고 화가들과 헤어졌고, 화단에서도 버림받았지!'라고 중얼거린다.

이생진 시인이 노란 목도리를 두르고 고흐가 즐겨 마시던 압생트 잔을 들고 "나는 지금 고흐를 할래요. / 아를에 있는 '노란 집'에서 / 노란 목도리를 하고 / 노란 해바라기를 그리며 / 술을 마실래요. / 그러다가 밤이 되면 노랗게 취한 / 별이 되고 싶어요…"를 행위예술 하듯 자작시를 낭송하는 모습이 눈에 어린다. 고흐의 그림은 눈물로 읽어야 그림이 보인다.

당시 마티스와 샤갈은 니스와 방스에서, 르누아르는 카뉴슈르메르에서, 세잔은 액상프로방스에서 그림을 그리며 명성을 날렸다. 지금도 그들이 살던 저택과 미술관은 관람객으로 성시를 이루고 있다. 고흐는 아를에 14개월 동안 머물면서 300여 점의 그림을 그렸을 정도로 예술혼을 불태웠지만, 방 한 칸 없이 지냈다. 지금은 아를 시내가 그의 작품전시장 같다. 그림 그리던 장소나 머물던 집이나 병원은 그대로 보존되어 있으며 전 세계에서 그의 흔적을 보러 몰려오고 있다. 반 고흐는 죽어서 성공한 화가다. 당시 프로방스와 지중해의 화가들은 살아서 성공했는데 고흐는 왜 죽어서 성공하는가? 고흐의 슬픔이 여기에 있다. 아를을 떠나면서 이런 생각이 뭉클뭉클 치민다.

조용히 미소 지으며 볼 수 있는 〈론강의 별이 빛나는 밤〉의 배경이 된 론강이 보이는 아를역의 햇살이 눈부시다.

다반사茶飯事

차를 마시거나 밥을 먹는 일 같이 일상에서 자주 있는 예사로운 일을 다반사茶飯事라고 한다. '약속 시각에 늦는 것은 다반사로 여겨진다.'거나 '요즘 아이들은 스마트폰 사용이 다반사가 되어버렸어요'라는 등 생활에서 흔히 들을 수 있는 일로, 어떤 일이 흔하게 발생하거나 자주 겪는 일이라는 뜻으로 사용된다. 본래는 불교 용어였으나 일상적으로 사용되는 어휘 중 하나다. 불교에서는 일상생활에서의 평상심이 곧 깨달음의 마음과 연관되어 있다는 뜻으로 사용된다.

공직에서 정년을 맞았다. 집에 돌아와서는 편안한 옷과 신발로 갈아 신고 출근하듯 쏘다녔다. 마음에 힘든 일이 생기면 지칠 때까지 걸었다. 의외로 나에 관하여 아는 것이 적었다. 이때까지 속마음을 털어놓을 사람도 없었고 그럴 기회도 없었다. 불쑥 치미는 화 덩어리를 억누르며 태연한 척 지냈다. 몸이 아프면 병원에 가는 것은 물론 피부관리를 위해 정기적으로 피부과에 가고, 치아 관리를 위해 주기적으로 치과에 가듯이 정신건강을 위해서도 정기적인 상담이나 정신과 진료를 받아야 한다. 마음 또한 피부나 치아만큼 소중히 관리를 받아야 함에도 소홀한 것 같다.

집을 유지하기 위해서는 눈비에도, 무더위와 추위에도 견딜 수 있는지. 수도관이 막히지는 않았는지. 어디 틈새가 벌어졌기에 천장에서 물이 똑똑 떨어지는지를 알아내서 수리해야 집주인이 될 수 있다. 이런 일들이 일상이 되어야 내 집이 될 수 있다. 집 한 채 관리하는데도 이렇게 어려운데 내가 나를 알기 위해서 무엇을 어떻게 해야 하는지 되짚어 보기 시작했다.

몸이나 마음이 아프면 내가 먼저 털어놓아야 상대방도 공감하며 털어놓을 터인데 나의 연약함을 감추고 강해 보이려고만 애써온 것 같다. 속마음을 숨길 때면 무작정 걸었다. 그래도 아프면 지칠 때까지 걸었다. 걸을 때는 여성이 손가방을 들고 다니듯 늘 책 한 권 들고 다녔다. 그러던 어느 날 홀로 길을 걷고, 서점에서 책을 고르고, 읽고, 쓰는 나를 발견했다. 격렬한 운동보다는, 여럿이 어울리기보다는, 수익을 위하여 몸을 던지기보다는 마음에 드는 몇몇과 친교를 맺으며 홀로 지내는 나를 발견하고 그런 나와 친해지기 시작했다.

이런 생활에 익숙해질 무렵 오랜만에 만나는 사람이 편안해 보인다고 했다, 얼굴이 좋아 보인다고 했다. 또 만났을 때는 전보다 더 좋아 보인다고 했다. 사실은 가장 평안하게 지내는 중이었다. 차 마시고, 밥 먹고, 걷고 하는 일들이 '일상에서 자주 있는 예사로운 일' 다반사가 되는 중이었다.

우리가 사는 세상은 평탄하지 않을 때가 더 많다. 살아오면서 겪은 일만 해도 평상심이 흔들리는 얼룩진 일상이었다. 가까스로 극복한 세상이 '편안하구나!'라고 느낄 즈음 얼음판이 갈라지듯 일상에 금이 갔다. 하지만 피난길에서도 아이를 배고 낳고 죽어가듯 변란 속에서도 일상은 느리게 회복되는 중이다.

'차 마시고 밥 먹는 예사로운 일'이 그리울 때면 책 한 권 들고 스스로 다잡으며 일상을 걷고 또 걷는다.

가난하다고 해서 사랑을 모르겠는가

_신경림·성춘복 선생을 배웅하며

새벽 3시쯤이면 눈이 떠진다. 자리에서 뒤척이다가 현관문을 열면 신문이 와있다. 신문 몇 장을 넘기는데 "가난하다고 해서 사랑을 모르겠는가." 하늘로 떠난 민중 시인 신경림(1935~2024) 선생의 부음기사에 눈이 멈췄다. 자리에서 벌떡 일어났다. 멍했다. 다음 장을 넘겼다. 성춘복(1936~2024) 전 문인협회장 별세 기사에 또 눈이 멈췄다. 아주 오랫동안.

1970년대가 거의 끝나가는 어느 날 종로서적에서 시집 한 권을 샀다. 신경림 시인의 시집 《농무》이었다. 시인은 1956년 동국대학을 다닐 때 '낮달'을 발표하면서 문단에 나왔다. 얼마 후 문단의 행태에 환멸을 느끼고 각처를 떠돌며 광부·공사장 잡부·학원 강사 등을 하면서 지냈다. 10년간의 체험이 농민과 노동자 삶의 애환을 사실적으로 그려내는 '민중 시인'으로서의 밑거름이 되었다.

서른일곱 되던 해 첫 시집 《농무》를 자비 출판했다. 아는 사람을 만나면 시집을 선물했다. 아름아름 알려지기 시작했다. 제법 팔릴 무렵 창작과 비평사가 창비 시선 1호로 출간했다. 당시 그 시집은 1만 부 이상 팔렸다. 시인이 계를 들어 자비 출판하던 때에 비하면 '기적'이었다. 그 시집은 한국 현대 시사에서 '민중 시'의 지평을 연 시집으로 평가받는다.

나는 당시 자식 셋을 기르는 가장이었다. 목표를 말하라면 세끼 밥 굶기지 않고 학비가 없어 학교에 보내지 못하는 무능한 아비가 되지 않겠다고 도원결의하듯 나와 결의했었다. 첫째로 직장생활에 충실해야 했다. 장충공원에서 100만 군중의 환호를 받으며 '군사독재 타도'를 외치는 김대중 대통령 후보의 연설을 듣다가 정보계 형사에 들켜서 곤욕을 치렀던 일. 1970년대 한국 사회에 만연했던 부정부패와 군사독재를 풍자한 김지하 시인의 시집 《오적》을 돌려가며 눈을 피해 읽던 일. 김지하를 필두로 사상계의 편집인들이 줄줄이 고문당하고 결국 사상계는

강제 폐간되어 그 잡지를 읽는 재미도 빼앗기고 무료하게 지내던 중, 신경림 시인의 시집 《농무》를 사러 종로서적에 갔던 일이 엊그제 같은데 50년이 지났다.

그 무렵 문학과 삶을 일치시키려 애썼던 신경림 시인의 책이 나올 때마다 그가 강연할 때마다 빠지지 않았다. 그의 시를 읽거나 강연을 들으면 위로가 되었다. 내가 하지 못하는 일을 대신에 하는 그의 용기에 경의를 표했다. 유신 시절에도 그는 적극적으로 목소리를 냈다. 1975년 백낙청 평론가와 자유실천문인협의회를 세운 데 이어 1980년 '김대중 내란 음모 사건'에 연루되어 옥고를 치르기도 했다.

시인은 퇴근길에는 곧장 길음동 집으로 가지 못하고 선술집에 들르는 날이 많았다. 그 선술집 주인 딸이 당시 연인이 지명수배되었다는 소식을 듣고 "결혼하라"라고 부추겼다. 주례까지 선 그는 주례사 대신 축시를 읽었다. "가난하다고 해서 외로움을 모르겠는가." "가난하다고 해서 사랑을 모르겠는가"라는 시구는 지금 읽어도 콧등이 찡해 온다. 선생을 비롯한 많은 분이 목숨을 걸고 투쟁할 때 나는 저항이랍시고 고작 이런 짓을 하면서 젊음을 소진하고 있었다. 많은 세월이 흘렀다. 나를 포함해서 지금도 많은 사람이 위로받고 싶어 하는데 시인은 별이 되어 하늘에 올랐다. 시인은 역사가 되었다.

나는 온종일 공부방에서 배웅하는 마음이 되어 그의 작품을 읽고 또 읽는다.

나는 공직에서 정년퇴직한 뒤 수필을 쓰기 시작했다. 수필을 쓰기 시작할 무렵에는 문학회라고 하는 단체를 찾아다니며 얼굴을 넓혔다. 그 무렵 '한국수필가협회'를 방문했을 때 성춘복 시인을 소개받았다. 그는 시가 삶이고 삶이 시와 같은 생활을 하는 분이라는 생각을 하며 자주 만났다.

혜화동에 있던 그의 사무실에 가면 그림을 그리거나 조각하거나 책 표지를 만들고 있는 모습과 만날 때가 많았다. 그러나 사무실 임대료가 밀려 보증금에서 공제해야 하는 등 운영난에 허덕였다. 일부에서는 등단할 때 발전기금 명목으로 금품이 거래된다는 소문이 파다했지만, 그는 그럴 줄도 모르는 사람이었다.

책을 출판하면 한지에 붓글씨로 서명한 뒤 낙관을 찍어

주셨다. 내가 수필집을 낼 때면 손수 삽화를 그려 주고 삽화 원본을 선물했다. 지금도 선생의 그림은 거실과 공부방에 걸려있다. 출판 기념으로 손수 낙관을 조각해 주었다. 문인들의 책을 받으면 선생처럼 한지에 붓글씨로 서명하고 새겨준 낙관을 찍어서 보내고 있다. 어느 해 여름에는 더위를 쫓는 기능과 함께 좋은 일이 생긴다는 청포도를 그린 손부채를 가방에 슬그머니 넣어주기도 했다. 책이 나오면 몇몇 사람이 촛불 앞에 둘러앉아 저자의 글을 읽으며 덕담을 나누는 출판기념회를 열어주었다. 그의 말처럼 그가 걷는 길은 문사文士의 길이었다.

그는 미식가였다. 나주곰탕을 먹으러 나주에 가야 했고 전주비빔밥을 먹으러 전주에 가야 직성이 풀리는 사람이었다. 목백일홍을 보러 울진을, 동백을 보러 한산섬을, 눈을 보러 북해도를 가야 했다. 그런가 하면 그림 재료를 사러 동경에 가야 했고 찻잔을 사려 부다페스트에 가야 했다. 미술 재료를 찻잔을 고르다가 내가 모으는 종을 찾아내서 같이 계산하는 사람이었다. 장맛비가 억수로 퍼부을 때면 비설거지는커녕 물소리를 들으러 북한산 골짜기로 차를 모는 사람이었다. 자동차를 나와 비슷한 시기에 샀는데 내 차는 새것 같은데 선생 차는 덜덜거리는 헌차가 되도록 세상을 누비고 다녔다.

선생은 늘 '문사文士의 길'을 말했다. 진정한 예술가는 예술과 사람이 같아야 한다는 것이었다. 그래서 그랬던지 사무실과 거처하는 집 월세가 밀려 퇴거를 요구받아도 누구에게 손 내밀지 않았고, 문인을 등단시키면서도 '발전기금'을 받을 줄도 몰랐다. 그의 주머니는 늘 가볍지만, 식사가 끝나기 무섭게 먼저 계산했다. 그의 시가 담백하듯 삶 또한 담백했다. 시인은 이렇게 살다가 별이 되어 하늘에 올랐다.

나는 종일 공부방에서 배웅하는 마음이 되어, 선생이 그려 주신 책을 펴보고, 그림을 바라보고, 손부채를 펴보고, 한지에 붓글씨를 쓴 뒤 새겨주신 낙관을 찍어 보면서 하루를 보내고 있다.

아, 나에게도

백기완(1932~2021) 선생의 시 〈아, 나에게도〉를 좋아한다. 선생은 황해도 일도초등학교를 졸업하고 해방 이후에 월남했다. 초등학교 이외의 정규교육을 받지 않았지만, 독학으로 공부했다. 시인이자 소설가이고 시민운동가, 통일 운동가이며 정치가이기도 하다. 선생은 유신정권에 맞서 싸웠으며 통일운동과 노동운동에 앞장섰던 투사로 기억하지만 나는 시를 쓰는 백기완을 더 좋아한다. 특히 〈아, 나에게도〉 는 애송시가 되었다.

아, 나에게도
회초리 들고 네 이놈
종아리 걷어 올려라 이놈
그리구선 이질척이는 향로를
살점이 튕기도록 내려칠 그런
어른이 한 분 계셨으면

선생도 '그런 어른'을 그리워했던 것 같다. 나도 그렇다. 13살에 아버지 돌아가시고 어머니와 단둘이 살면서 아무리 잘못해도 회초리 들고 종아리 걷으라며 호통치지 않으셨다. 아니 못했던 것 같다. 큰소리로 야단치지도 않았다. 내가 잘못을 저질러도 참고 또 참다가 "네가 이러면 돌아가신 아버지를 욕보이는 것이다."라며 울면서 호소했다. 아비 없는 자식 소릴 듣지 않고 반듯하게 자라라는 간절한 가르침이었다.

초등학교를 졸업하고 사무실에서 급사 노릇 하고 학원에서 늦게 돌아오는 밤이면 밥그릇을 아랫목 이불 밑에 묻어두었다가 밥상을 차렸다. 어머니와 늦은 저녁을 먹었다. 밥상을 물리고 삯바느질하는 어머니 옆에서 중학교 졸업 검정고시를 준비했다.

모든 일은 자식 위주로 했다. 자식을 위해서라면 목숨도 흔쾌히 던질 사람이었다. 그래서 그랬던지 '질풍노도'의 시절도 말썽 한 번 부리지 못하는 소심한 소년이었다. 지금도 가끔 선생의 시를 읽으며 옛날로 돌아가는 것은 '회초리 들고 네 이놈 / 종아리 걷어 올려라 이놈' 하면서 향로를 내려치는 그런 아버지 같은 어른이 그립다.

아, 나에게도
갈 데가 없는 나에게도
새해 새아침만은
쐬주병을 들고 큰절 올리면 엄하게
꾸짖는다는 것이
잔을 받아라
그러구선 아무 말이 없으시는
그런 이가 한 분 계셨으면

새해가 되어도 세배드릴 어른이 안 계신다. 아버지는 4

형제 중 막내셨고 나는 5남매 중 막내다. 지금은 모두 돌아가시고 나 혼자 남았다. 그러니 찾아갈 데도 찾아오는 사람도 없다.

새해가 오는 것이 싫을 때도 있었다. 설날에는 큰댁에 가서 차례를 지내야 했다. 큰아버지 돌아가시고 둘째아버지가 제주이셨다. 그분은 엄하셨다. 문 열고 밖으로 나갈 때도 "어른 앞에서는 뒷걸음으로 나가야 한다."라고 했다. 자기 아들이나 손자들은 문 열어 놓고 나가도 무사통과였다. '둘째아버지'에서 '둘째'만 빼면 '아버지'가 되는 사이인데 나에게는 멀고 먼 사람이었다. 지금에 와서는 어른 앞에서 버릇없다고 호통 소리라도 듣고 싶은데 그런 어른이 안 계신다.

나에게는 가깝게 모시던 스승 한 분이 계셨다. 야간대학에서 문학개론을 가르치던 시인 김용호(1912~1973) 선생님이시다. 강의가 끝나면 다방에 갔다. 차 한 잔 마시는 동안 연거푸 담배만 피우셨다. 가끔 읽을 책 제목을 적어 주기도 글이 좋아졌다고 칭찬도 했다. 일주일에 한 번 있는 선생님 시간을 기다리며 모시고 차 한 잔 마시는 일이 커다란 기쁨이었다. 나도 시인과 차도 마시고 강의도 듣는 사람이라고 자랑하고 싶었다. 유일한 '빽'이었던 선생님도 일찍 돌아가셨다. 새해 어른을 찾아뵙는 일이 마지막이 되었다. '꾸짖는다는 것이 / 잔을 받아라.'라고 할 어른이 천지간에 안 계시는 고적한 세월을 살아내고 있다.

속절없이 엎드려
목을 놓아 울어도 되는
한사코 소리 내어 꺼이꺼이 울어도 될
그런 밤이라도 한 번 있었으면

참외장아찌

우리 동네 반찬 가게 차림표에 봄동 겉절이, 냉이 무침과 참외장아찌가 적혀 있다. 눈에 번쩍 띄었다. 참외장아찌는 유년 시절의 기억과 맞닿아있다. 일곱 살 아니면 여덟 살 때였던 것 같다. 뜨거운 여름날 집에서 좀 떨어진 밭으로 아버지 따라 참외 따러 갔었다. 모래가 많다고 해서 모래 방 골이라 부르는 밭에는 배수가 잘돼서 참외와 수박을 심었다.

아버지는 노란 참외를 두드려보며 잘 익은 것으로 골라 소쿠리에 담았다. 겉으로는 잘 익은 듯하지만, 맛은 밍밍하기도 모양이 찌그러지기도 했다. 그렇지만 나름대로 매력이 있다. 지금은 온실에서 물의 양과 온도를 조절하고 영양액營養液을 주입하는 관계로 원하는 모양과 맛을 기계가 찍어내듯 만들어내지만, 그때는 자연에 맡겼다.

밭에서 따온 참외를 우물에 담가놓고 식구들이 둘러앉아 잔치를 벌였다. 어머니는 덜 익은 참외로 장아찌를 만들었다. 참외 양쪽 끝을 자르고 반으로 갈라 속을 긁어낸 뒤 소금, 식초, 물엿을 넣고 3일쯤 숙성하면 아삭하고, 달콤하고, 짭짜름한 장아찌가 밥상에 올랐다. 한여름이면 물 말은 밥 한 숟가락 위에 오이지를 얹어 먹으면 꿀맛이었다. 특히 아버지가 좋아하셨다.

집으로 돌아오는 길은 울창한 나무들이 얽히고설켜 햇살도 잘 들지 않았다. 우리 동네는 봉황이 살던 고을이라 해서 봉곡리鳳谷里라 불렀다. 그중에서도 우리 집은 경치 좋은 깊은 산속이었다. 난세에는 피난처로 그만이라고 했다. 모래 방 골에서 집으로 오는 길에는 삭정이가 여기저기 널려있었다. 하나하나 주었다. 금세 한 아름이 되었다. 어른들이 산에서 나무를 해다가 땔감으로 사용하는 것을 보고 따라 했던 것 같다. 아버지는 머리를 쓰다듬으며 "너는 장차 쓸모 있는 사람이 되겠구나!"라고 했다. 처음이자 마지막으로 들어본 칭찬이었다.

어린 나에게는 소박하고 평화로우며 서정적인 풍광으로 보였지만 당시 우리나라는 일본제국의 식민지였으며 제2차 세계대전 중이었다. 형님과 사촌 형들은 징용을 피해 뒷산 후미진 곳에 굴을 파고 숨어 살았다. 다행스럽게도 피신 중에 해방이 되어 화를 면했지만, 우리 집은 집안 간의 토지 분쟁으로 고향을 떠나야 했다. 아버지는 "집안 간에 송사訟事는 있을 수 없다"라며 농토를 양보하고 화병으로 세상을 등지고 말았다. 내 나이 13살이었다.

어머니는 '아비 없는 자식' 소리를 듣지 않게 하려고 온 힘을 쏟았다. 삯바느질하면서도, 극빈자에게 주는 배급쌀로 연명하면서도, 어린 자식에게 몰아치는 풍랑을 여인의 작은 몸으로는 어림도 없었다. 남의 집에서 바느질하다가 늦게 올 때면 누룽지나 밥을 얻어다가 끼니를 때우기도 했다. 하루는 "아버지가 좋아하시던 참외장아찌"라면서 밥숟갈에 얹어주었다. 오랜만에 맛보는 장아찌였다.

내가 성장하여 직장생활을 할 때 어머니는 참외장아찌를 담갔다. 손수 장아찌를 담그며 남편을 추억하기까지는 이십 년 가까운 세월이 흐른 뒤였다. 땟거리 걱정하지 않고 손자 돌보면서 평안한 세상을 살기 시작할 무렵 먹는 게 소화가 안 되고 더부룩하다고 했다. 소화제도 소용없었다. 위암이라고 했다. 두 몫을 해내면서 자식을 지킨 어머니는 참외장아찌는커녕 맹물도 넘기지 못하다가 한 많은 세상을 하직했다. 애달픈 한 살이었다.

동네 시장을 지나다가 반찬 가게에서 참외장아찌를 샀다. 물 말은 밥에 장아찌 한쪽 씹던 기억에 침이 고인다. 아버지 음성마저 잃어버린 나는 참외밭에 다녀오다가 들었던 처음이자 마지막이 된 칭찬의 말을 기억해 낸다. 또 남의 집에서 삯바느질해주고 얻어온 장아찌를 씹으며 눈물 고였던 그때를 기억해 낸다. 참외장아찌의 짭짜름한 맛 속에는 아버지하고 어머니가 머물고 있다. 그래서인가. 나도 참외장아찌를 좋아한다.

제4부

이태원역 1번 출구

이태원역 1번 출구

불광역에서 6호선을 타고 19개 역을 지나면 이태원역이다. 37분이면 도착하는 가까운 거리다. 겨울 같은 추위가 찾아온 2022년 11월 4일 오후에 이태원역 1번 출구 계단을 오른다. 계단 벽에 붙임딱지가 다닥다닥 붙어있다.

'친구야 무게중심을 버티지 못해서 너를 지켜주지 못해 미안하다. 내일 또 올게.' '당신의 잘못이 아니에요. 자책하지 말아요.'라는 댓글이 달려있다. 글을 읽으며 계단을 오른다. '함께 있었는데 같이 살지 못해 미안해요. 편한 곳으로 가세요.' 예쁘게 쓴 여성 글씨체다. '저도 그 자리에 있어야 했어요. 이런저런 일이 생겨서 도착 15분 전에 뉴스를 보고 사고 현장으로 가 도움을 주기보다 집으로 도망갔습니다. 힘을 보탰더라면 한 분이라도 살릴 수 있었을 텐데 정말 죄송합니다. 지켜주지 못해 미안합니다.' 추모 쪽지 글을 읽다 보니 어느새 올라왔다.

1번 출구를 중심으로 해밀톤 호텔을 지나 참사의 골목 입구까지 꽃다발이 쌓여있다. 소주병, 콜라병, 과자봉지, 라면 봉지, 사과, 귤 등이 놓여 있다. 제물 사이에 초가 꽂혀있다. 시민이 만든 추모 공간이다. 이태원역 1번 출구 기둥에 매달린 국화 송이가 허공에서 흔들린다. 앳돼 보이는 여성이 검은색 종이에 흰 국화꽃 한 송이 들고 흐느낀다. 어머니로 보이는 여인이 등을 토닥여준다. 모녀 같다. 한 바퀴 돌다 다시 왔다. 여전히 흐느끼고 있다. 스님이 법문을 외우는 소리가 바람에 흩어진다.

오른쪽으로 갔다. 사람이 많이 모여 있다. 망설여진다. 그냥 걸었다. 방송국 사진기 수십 대가 설치되어 있고 통행을 저지하는 노란 끈이 처져있다. 이태원 핼러윈 참사로 14개국 26명의 외국인을 포함해 156명의 젊은이가 숨지고 151명이 다친 참사의 골목이다. 고려인 박 율리아나

(25)의 시신을 러시아 집으로 운구할 돈이 없어서 애태운다는 소식이 알려지자, 시민 모금 운동으로 무사히 운구하게 되었다는 붙임딱지 앞에서 걸음이 멈춰진다.

우리 동네 뒷골목 같은 좁다란 길에 바람이 몰아친다. 노란 옷을 입은 경찰이 군데군데 2인 1조로 서 있다. 긴장된다. 2022년 10월 29일 저녁에도 지금처럼 경계근무를 했었다면 어땠을까? 오늘 아침 〈동아일보〉 사설에 '그날은 참사 막을 책임자들도 시스템도 다 잠들어 있었다.'라는 제목에 '인파 관리에 전문성 있는 기동대만 제때 갔더라도 서울 한복판에서 깔려 죽는 참사는 막을 수 있었을 것'이라고 꾸짖는다.

통행로를 확보해야 하니 이동하라는 경찰의 말을 누가 되받는다. '그때 그랬어야지' '말단 경찰이 무슨 권한이 있나요.' '속이 터져서 그래요.' 불쑥불쑥 뿔 달린 말이 오간다. 그때 군중 속에서 '우리보고 이동하라고 하지 말고 저 지선을 넓히면 되지 않냐'라는 말에 박수가 터진다. 스님이 목탁을 두드리며 법문을 외우는 소리에 소음이 파묻힌다. 나무아미타불 관세음보살 … .

젊은 부부가 손수레에 국화꽃다발을 싣고 와서 나눠준다. 그 옆에서 젊은 여성이 붙임딱지와 볼펜 한 묶음을 탁자에 놓고 간다. 침통한 낯으로 서성이고 눈물을 흘리며 찬바람 부는 이태원역 1번 출구 근처를 맴돈다.

16세기에 허난설헌은 두 아이를 잃고 '곡자(哭子)'라는 시를 썼다. 어린 자식을 잃은 심정이 얼마나 슬펐는지 피눈물로 울음소리를 삼킨다고 표현했다. 이태원역 1번 출구 근처에 모여 있는 사람들은, 대한민국 국민은, 세계인들은 허난설헌이 '곡자'라는 시를 썼던 심정으로 임인년 가을을 보내고 있다.

이태원역 1번 출구 근처에는 청명한 가을인데도 겨울 같은 찬바람이 옷 속으로 파고든다.

이태원 10·29 골목

이태원역에 가는 중이다. 신문이나 방송에서 10·29 참사 소식을 들을 때마다 마음이 아팠다. 이태원 역 1번 출구로 가는 계단 벽에 붙어있는 붙임 쪽지가 찬바람에 흔들리다 떨어진다. 지난번 왔을 때보다 더 많은 쪽지가 붙어있다. 이렇게 사라지면 안 될 것 같아 붙여 보지만 또 떨어진다. '잘 가~ 연주야, 세은아'라고 쓴 쪽지를 풀칠해서 붙였다.

1번 출구 밖에는 국화꽃다발과 제물(?)이 전처럼 놓여있는데 추모객은 뜸하다. 출구 밖에서 열 발자국쯤 가다가 우측을 바라보면 좁은 골목이 나온다. 지난번에는 노란 띠로 정지선을 만들어 놓고 출입을 통제했다. 애도객들은 통제선 앞에서 그 골목을 망연히 바라보고 있었는데 오늘은 통행이 자유로워졌다.

그 골목 입구에서 스님이 불경을 외우고 목탁 소리가 찬바람에 날아다닌다. 국화꽃다발 옆에 사과, 귤, 바나나, 초코파이…가 쌓여있고 촛불이 바람에 흔들린다. 구겨진 신발이 놓여 있다. 검정 누비옷이 바람에 만장처럼 흔들린다. 외국인의 사진 밑에 애도의 글도 빼곡히 적혀 있다. 쪽지가 바람에도 떨어지는 데 눈비를 맞으면 형체를 알아보기 힘들 것 같다. 사건 현장을 보존하는 작업이 시급할 것 같다. 이대로 사라지면 역사가 묻히는 것이다. 안타깝다.

벽에는 '내가 백신을 맞는다고 약속을 어겨서 너를 구하지 못했다…' '딸내미! 집에 가자. 엄마 아빠가 너무 늦게 와서 미안해. 사랑한다. 우리 딸!' 붙임 쪽지로 도배한 듯 가득하다. 그중에 '이태원 10·29 골목'이라고 쓴 붙임 쪽지가 눈에 들어온다.

어느 해 식목일에 식물에도 이름 지어 주자는 운동이 벌어진 적이 있었다. 이름 모를 나무라든가 꽃이라고 부르지 말고, 이름을 불러 주자는 운동이 많은 호응을 얻은

적이 있었다. 식물에 이름을 지어 주듯 '그 골목'을 '이태원 10·29 골목'이라고 부르자는 제안이다. 나도 찬성이다. 결코, 그들이 식물보다 못하지 않다면, 사람과 사람에 끼어서 숨을 쉬지 못하고 세상을 떠난 그 골목에 당당한 이름을 지어 준다고 누가 뭐라 하겠는가. 그리고 안타까운 사건의 이력을 보존하고 애도해야 하지 않겠는가.

꽤 많은 사람이 서성이고 두 손을 모으고 어깨를 들썩이며 흐느낀다. 드문드문 경찰이 서 있다. "사람이 죽어가고 있어요. 살려주세요"라고 외치면서 손잡아 달라고 했을 때 보이지 않던 그들이. 그날도 지금처럼 경계근무를 했던들 이런 참사는 일어나지 않았을 것 같다. 늙수그레한 외국인 여성이 눈물을 철철 흘리며 허공을 바라본다. 상주 없는 초상집 같다. 이와 같은 애도의 현장도 보존해야 한다.

영화배우 문소리가 '청룡영화상' 시상식에서 이태원 참사 희생자에게 한 말이 페이스북에서 화제다. "늘 무거운 가방 들고 다니면서 나랑 일해 줘서 고마웠다. … 네가 10월 29일에 숨도 못 쉬고 하늘나라에 간 게 믿기지 않지만, 이 자리에서 이름을 불러본다. … 애도는 이게 마지막이 아니라 진상규명되고 책임자 처벌되고 그 이후에 하겠다.

사랑한다 …”

나의 애도 또한 진상규명되고 책임자 처벌된 뒤에 할 작정이다. 그날이 오면 ‘이태원 10·29 골목’에 가서 향을 사르고 두 손 모으며 ‘천지지간 만물지중에 유인이 최귀’하다고 목이 터지라 외칠 작정이다. 귀 막고, 눈 가리고, 양심마저 가린 자들도 들리도록 보이도록.

159명 그리고 365일

2022년 10월 29일 밤 이태원에서는 길 가던 행인이 갑자기 밀려오는 인파에 휩쓸려 159명이 순식간에 목숨을 잃었다. '이태원 참사'라고 부른다. 그로부터 365일이 지났다. 1년이 지난 지금, 세상은 아무것도 달라지지 않았다. 참사 현장에서 극적으로 살아남은 김초롱 작가가 쓴 《제가 참사 생존자인가요》를 들고 전철을 탔다.

365일 전에 탔던 전철을 타고 이태원역 1번 출구 밖으로 나왔다. 그림자가 짙어지는 저녁 무렵이다. 기온은 온화하다. 여전히 '해밀턴 호텔'은 그 자리에 있고 그 골목도 그대로다. 근처를 노란 제복을 입은 경찰관들이 방벽을 치며 호루라기를 불어 대고 행인들이 긴장하면서 질서 있게(?) 걸어간다. 이는 365일 전보다 달라진 풍경인 것 같다. '그날도 지금 같았으면 얼마나 좋았을까…' 이런 말을 목구멍으로 넘기며 그 골목으로 갔다.

폭 3미터, 길이 50여 미터가량 되는 좁디좁은 골목에 셀 수 없는 인파가 양방향으로 몰렸다. 대부분이 핼러윈 파티를 즐기러 온 사람들이다. 인파에 휩쓸려 의지대로 몸을 움직일 수가 없다. 원인 모를 힘에 밀려 둥둥 떠다녔다. 그때 "가게나 벽으로 붙으세요. 그래야 살아요"라며 힘센 사람이 밀었다. 벽을 붙잡고 눈을 떴다. 사람이 픽픽 쓰러졌다. 들것에 실려 나갔다. 이렇게 159명이 목숨을 잃었고 300여 명이 다쳤다. 현장을 수습하던 소방관 130명이, 전국적으로 1만여 명이 마음 상처로 심리치료를 받아야 할지도 모른다고 한다. 많은 사람이 양방통행을 일방통행으로만 했어도 참사를 막을 수 있었을 것이라고 안타까워하던 그 골목은 추모객들이 모여 있을 뿐 비교적 한적하다.

골목에 설치된 '추모의 벽'에는 '보고 싶다.' '구해주지 못해서 나만 살아서 미안하다.' …. 라는 애도의 글을 붙임딱지에 써서 다닥다닥 붙여놓았다. 바닥에는 촛불이 일렁이고 향이 타오르고 꽃다발이 수북이 쌓여있다. 스님이 독경을 외우는데 젊은 여성이 꽃다발을 놓고 일어날 줄 모른다. 애인과 아니면 동생과 같이 이 골목을 지나다가 자신은 살아남고 그 사람은 밑에 깔렸거나 선 채로 숨을 쉬지 못하다가 죽었는지 모른다. 자신은 심리 상담을 받다가 버티다가 365일이 되는 오늘 다시 찾아왔는지도 모른다. 반대편 벽 쪽으로 외국인 여럿이 서 있다. 저 사람들도 소중한 사람을 잃고 365일이 되는 오늘 먼 나라에서 찾아와 망연히 서 있는 것만 같다.

김초롱 작가는 '억센 힘으로 벽에 등을 대고 살아났다. 사람이 픽픽 쓰러지고 1초에 4~5명씩 쏟아지듯 들것에 실려 나갔다. 심폐소생술을 할 줄 알면서도 집으로 도망친 죄책감에 시달렸다. 집에 와서 잠을 자지 못했다. 물도 밥도 먹지 못했다. 집에 있는데도 집에 가고 싶었다. 날짜도 시간도 인지하지 못했다. 길어진 손톱과 발톱을 깎을 수가 없었다. 길을 걷다가 오줌을 쌌다. 지나가는 아주머니가 공중화장실로 데리고 가서 기저귀를 채워주며 등을 다독여 주기도 했다. 심리 상담 치료를 받은 지 1년이 되는데도 그날이 그날이다.'

상담사는 자책하는 자신에게 "그날 거기에 가지 말았어야 하는 게 아니라, 어디를 가도 안전하게 돌아갈 수 있게 지켜주는 것이 국가가 할 일이어요. 놀다가 참사를 당한 것이 아니라 일상을 살다가 당한 거예요. 전국노래자랑 구경 갔다가 그냥 깔려 죽을 수 있다는 거예요."라고 길게 설명하면서 당신 탓이 아니라고 위로해 주었다.

예일 대학교 나종호 심리학 교수는 《제가 참사 생존자인가요》 발문에서 "피해자가 괴로움에 빠져 헤어나지 못할 때, 사회는 '어째서 우리는 당신을 지켜주지 못했는가' 대신 자책해 주어야 한다. 이런 과정을 생략한 사회에서 작가가 참사 현장에 두고 온 자신을 구해오는 과정을 담은 생존 일기는 너무나 진솔하고, 순수하고, 따뜻하다."라고 썼다.

김초롱 작가는 참사의 원인은 '희생자나 생존자가 그곳에 갔기 때문이 아니라 정부가 군중의 밀집 관리에 실패했기 때문이다. … 개인이 아무리 치료받아도 사회적 인식이 그러게, 왜 거기에 갔느냐? 남의 나라 기념일 뭐가 좋다고'라고 질타하는 분위기라면 치료의 효과가 없을 것이라고 말한다.

그렇다. 참사 당시 책임질 자리에 앉았던 사람이 지금

도 그대로 앉아 있다. 이태원 참사 특별법을 만든다고 한 지가 1년이 되어도 그대로다. 참사를 알리는 글이나 애도할 장소를 만든다고 한 지가 1년이 되어도 그대로다. 세상은 아무것도 달라지지 않고 그대로다.

그들은 남의 나라 기념일에 놀러 갔다가 죽은 것이다.

벙거지

우리 집 막냇손자 준석이는 육군 병장이다. 만기제대를 한 달여 앞두고 마지막 휴가를 왔다. 군 생활을 잘 적응하고 있는 녀석이 믿음직했는데 어느새 제대를 앞두고 있다.

큰절을 한 뒤 가방에서 작은 상자를 꺼낸다. 부대 매점에서 샀다면서 양말을 내놓는다. 제대 선물이다. 기특하다. "군인이 돈이 어디 있어서… "라고 말끝을 흐렸다. "병장 월급이 백만 원이나 돼요"라면서 씩 웃는다. 내가 군인일 때는 백팔십 원이었는데.

제 어미를 만나고 오는 길이라고 한다. "모자를 선물했다"라고 한다. 준석이 어미는 많이 아프다. 지난해 말 유방암 수술을 받고 요양 중이다. 요양 중인 어미에게 요즘 유행하는 벙거지를 선물했다. 탈모가 시작되었다는 소식을 듣지 못했는데. 상태가 좋지 않은 것 같다.

어미의 탈모를 걱정하고 제대 선물로 벙거지를 선물한 녀석의 손을 꼭 잡고 "준석아. 당분간 나하고 지내자" "…" 녀석은 고개를 끄덕인다. 그렁그렁한 눈으로 허공을 향한 채.

순수라는 말

바다는 원래 고요한데 바람이 불면 파도가 친다. 바람이 만든 파도를 이길 장사는 없다. 고기잡이하던 배도 포구로 돌아오고 횟집도 문을 닫고 납작 엎드린다. 바닷고기도 속으로 깊이 들어가 숨는다. 바람이 지나가면 언제 그랬느냐는 듯 원래의 고요 속으로 돌아간다.

마음도 원래는 평온한 것인데 삶을 살다 보면 풍파를 겪게 된다. 풍파 또한 바람과 같아서 마음을 휘저어놓고 가뭇없이 사라진다. 마음은 원래의 평온을 되찾는다.

바람이 바다를 들락거리고 풍파가 마음을 들락거리다

보면 흠집이 생기고 흠집은 생채기가 된다. 그러다 보면 웬만한 바람이나 풍파는 견디며 지낸다. 풍파는 삶을 지탱하는 방패막이가 되지만 원래의 모습이 서서히 변한다. 서글픈 일이다. 그래서 '순수'라는 말이 순수하게 느껴진다.

어둠이 사라지는 시대

산자락에 농막을 짓고 사는 사람이 있다. 부모님 산소 자리로 산을 사고 그 산 아래 꽤 넓은 땅에 집을 지었다. 방은 두 칸이지만 마당에 천막을 치고 거처하기 편하게 만들어서 그런지 불편할 게 없다. 봄과 여름과 가을을 보내고 추운 겨울이 오면 서울 집으로 돌아온다. 나는 지난해도 올해도 그 농막에서 며칠을 묵었다. 밤이면 별이 내려와 농막을 비춰주고 개울물 흐르는 소리, 풀벌레 우는 소리, 새가 푸드덕거리는 소리를 들으며 지냈다.

농막은 숲이 울창하여 폭염에도 서늘하고 태풍이 불어와도 걱정 없다. 방과 거실에 등을 달고 밖에는 외등 하나 어둠을 밝히고 있다. 거실에 있을 때는 마당의 외등을 끄고 마당에 있을 때는 집안의 등을 끈다. 농막은 어둠에 묻힌다. 본래의 어둠이 존재하는 곳이다.

환히 불을 밝히고 있는 가로등과 인공조명이 무분별하게 많이 설치되어 있는 도시는 낮보다 밤이 더 밝고 화려하다. '빛' 때문에 곤충과 새들은 낮과 밤을 구분하지 못하다가 생명을 잃기도 하고 개체수가 줄어들고 있지만, 세상 구석구석까지 빛이 넘쳐난다. 요즘은 가정이나 가로등이 나트륨 조명에서 발광다이오드로 바뀌고 있다. 발광다이오드가 설치된 곳에서는 애벌레 수가 급감하고 식물이나 동물 등이 정상으로 성장하지 못한다고 한다.

다른 지역으로 이동하는 철새들은 별의 위치를 기준으로 이동하는데, 건물들이 뿜어내는 환한 빛은 새들이 별빛을 쉽게 찾지 못하게 만든다. 길 잃은 철새들이 건물에 부딪혀 목숨을 잃는다. 《이토록 굉장한 세계》의 저자 에드용에 의하면 에디슨이 전구를 상용화한 직후인 1886년, 1,000마리의 새가 조명탑에 충돌해 죽었다. 미국과 캐나다에서 매년 700만 마리의 새가 통신 탑에 부딪혀 죽는다고 한다. 탑에 켜진 빨간 등은 조류의 방향감각을 교란하는바 점멸등으로 교체하면 예방할 수 있지만 모르는 체한다. 매년 9월 11일이면 2001년 테러로 사망한 뉴욕 시민을 추모하기 위하여 두 개의 강렬한 빛기둥이 도시의 상공을 관통한다. 이 불빛을 보고 모여든 100만 마리가 넘는 새가 목숨을 잃는다.

어둡지 않은 밤 때문에 야행성 동물이 살아가는 데 영향을 받고 사람은 수면장애와 질병을 앓게 된다. 거리의 조명과 필요 없는 지역을 밝히고 있는 조명이 뒤엉켜있다. 이러한 빛으로 인해 식물과 동물, 곤충, 그리고 사람의 건강에 심각한 영향을 미치고 있다. 어둠이 사라지는 시대이다.

인간은 암흑기에서 벗어나기 위해 길을 밝혀왔다. 지적인 사람을 밝은 불꽃과 발광체로 묘사하면서 빛과 지식을 동일시했다. 빛은 안전, 진보, 지식, 희망 등을 상징한다. 인간은 모닥불에서 컴퓨터 화면에 이르기까지, 더 많은 빛을 갈망하고 있다.

우리 집도 나트륨 조명등을 사용할 때는 실내가 그리 밝지 않았고 전기요금이 10여만 원이나 나왔다. 고장인가 싶어 누전 탐지도 해봤지만 정상이었다. 전문가는 발광다이오드로 바꾸라고 권했다. 바꾼 결과 집안은 더 밝아졌고 전기요금은 삼 분의 일로 줄어들었다. 어둠이 사라지기 때문에 동식물이 사라지고 생태계에 이상 신호가 온다고 떠들면서 내 집은 생태계에 해롭다는 등으로 슬쩍 바꾸고 시치미를 떼는 나다.

어둠이 사라지고 있다. 진정한 어둠과 고요함을 찾기가 점점 어려워지고 있다. 어둠에 묻힌 농막이 그립다. 내년 여름이 기다려진다.

그리움 전달자

아내가 남대문시장에 가자고 한다. 잉어를 사기 위해서다. 버스로 가면 한 시간이 걸리는데 내 차로 가면 10여 분이면 갈 수 있다. 젊었던 시절부터 자주 다니던 곳이라 눈감고도 찾아갈 수 있다. 예전에 꼬리곰탕으로 유명했던 전주 집 자리에 주차 탑이 들어섰다. 거기에 차를 대고 수산물 파는 골목으로 갔다.

아내는 익숙한 걸음으로 골목 안으로 간다. 나하고는 처음이지만 어머니와는 자주 왔던 골목이다. 잉어를 흥정한다. 400그램이 넘는다면서 4만 원만 달라고 한다. 펄떡

펄떡 뛰는 잉어를 비닐봉지에 넣는다. 요동치는 비닐봉지를 들고 뒤를 따른다. 몇 집 건너 닭집이다. 닭도 한 마리 샀다. 용봉탕을 만들기 위해서다. 남대문시장에 온 김에 꼬리곰탕을 먹자고 했다. 이번에는 내가 앞장서서 걸었다. 자리를 옮긴 전주 집에 가기 위해서다.

직장이 충무로 근처일 때는 전주 집에 와서 해장도 하고 꼬리곰탕 시켜놓고 소주를 마시기도 했다. 70여 석이 넘는 큰 식당이었는데 지금은 갈치골목 모퉁이로 옮겼다. 요즘도 옛날에 먹던 음식이 생각나면 전주 집을 찾는다. 주인은 탕 한 그릇을 시키면 눈치를 준다. 오늘은 두 그릇을 시키니 목에 힘이 들어간다.

어머니는 한여름이면 아내를 앞세우고 남대문시장에 갔다. 아이들이 어렸을 적에는 5식구가 다녔다. 갈 때는 버스를 탔다. 큰아이는 잡아줄 손이 모자라 혼자 서 있다가 급정거하면 엉덩방아를 찧으면서도 따라다녔다. 장 봐서 올 때면 택시를 탔다. 한번은 잉어가 튀어나와 택시 기사한테 핀잔받기도 했다. 그래도 막내아들이 건강하게 여름을 나라고 용봉탕을 끓였다.

탕을 끓이는 법도 특별했다. 먼저 닭을 푹 끓인다. 식혔다가 또 끓인다. 다음에는 잉어를 수세미로 잘 닦은 다음 닭을 푹 끓인 국물에 넣는다. 인삼 대여섯 뿌리를 잘게 썰어 넣고 잡냄새 없어지라고 들깨를 넣고 끓인다. 처음엔 센 불에 끓이다가 중간 불로, 약한 불로 푹 끓인다. 흐물흐물해진 잉어를 삼베 보자기로 한약 짜듯 꼭 짠다. 용봉탕 완성이다. 지금은 약탕관도 삼베 보자기도 어디 갔는지 찾을 길이 없다.

아내는 아침저녁으로 용봉탕을 약탕관에 데워주었다. 한 대접 마시고 생강 한쪽으로 입가심했다. 하루는 약탕관을 불에 얹어놓은 것을 깜박하고 부엌일 하다가 옹기가 깨지고 말았다. 그런가 하면 어머니는 아내에게 용봉탕 먹을 때면 여자를 가까이하면 약효가 떨어진다고 했다. 보약을 다 먹을 때까지 아내는 아이들 방에서 지내야 했다. 지엄한 시어머니 말씀을 따르는 것보다 남편의 건강을 위함이 더 컸으리라 짐작되지만. 용봉탕은 독수공방이었다.

용봉탕을 끓이는 날은 보신하는 날이었다. 삶아낸 닭은 식구들 차지였다. 말이 보신이지 아이들 셋이 달라붙으면 남는 것도 없다. 어머니는 뼈에 붙은 살을 발라 먹고 아내는 뒷정리만 했다. 아버지가 살아 계실 때도 용봉탕을 끓였다. 그때 삶은 닭은 내 차지였다. 내가 가정을 이루니 어머니는 남편을 위해 끓였던 용봉탕을 자식을 위해 끓이고 삶은 닭은 내 자식들이 차지한다. 어머니 부재不在하니 아내가 남대문시장에서 장 봐다가 용봉탕을 끓인다. 아이들이 성년이 되어 분가한 지 오래됐으니 삶은 닭은 아내 차지다.

모두가 내 곁을 떠나고 사물도 사라진다. 떠나간 사람도 그립고 사라진 약탕관도 삼베 보자기도 그립다. 그리움의 원천을 생각해 본다. 그리움의 원천은 부재로부터 시작되는 것 같다. 사람이나 사물은 영원히 머물지 않는다는 것에 절망하면서 그리움의 실체와 맞선다. 사람이나 사물은 그리움을 남기면서 떠나고 사라진다. 그리움 전달자다.

조기찌개

생선 가게에서 조기를 샀다. 옆 가게에서 파도 샀다. 조기찌개를 끓이기 위해서다. 조기 두 마리를 골라 지느러미와 꼬리를 자르고 비늘을 제거한 뒤 뚝배기에 넣었다. 다진 마늘과 파를 썰어 넣고 고춧가루와 참기름 작은 한술의 반을 넣고 쌀뜨물을 부었다. 뚝배기를 중간 불에 안치고 오 분쯤 지나자 자글자글 끓기 시작한다. 간을 봤다. 심심하다. 새우젓을 조금 넣었다. 이제야 간이 맞는 것 같다.

한 달에 한두 번은 조기찌개가 밥상에 올랐다. 아내가

큰아들네로 가고부터는 조리법을 배워 내가 끓인다. 어머니가 그리울 때면 조기찌개를 끓인다. 짭짜름한 국물 맛이 나를 열세 살 무렵으로 데려간다.

집안이 기울 자 아버지 돌아가시고 친척 집에서 더부살이할 때도 선달 초아흐레 날이 오면 아버지 제사를 지냈다. 흰쌀밥에 고깃국과 조기 등을 차려놓고. 제삿밥을 먹을 때면 이런 날이 매일이면 좋겠다고 생각했다. 어머니는 살은 싫다면서 국물과 뼈를 쪽쪽 빨았다. 남은 것을 또 끓였다. 제삿날이나 생일날이 아니면 명절에나 맛볼 수 있는 별식이었다. 6·25전쟁으로 폐허가 되어 나라는 찢어지게 가난했고 우리 집은 더 가난했다.

내가 성년이 되어 직장을 다니면서 땟거리 걱정을 하지 않아도 되었다. 평상시에도 조기찌개도 고깃국도 끓였다. 어머니는 소고깃국을 끓여도 건더기는 싫다면서 국물만 먹었다. 건더기보다 국물을 더 좋아하는 줄 알았다. 조기찌개는 내 식사를 완벽하게 해주는 이상적인 반찬이자 궁핍했던 시절을 상기시켜 주는 음식이다. 아내는 조기에 붙은 살을 대충 발라 먹지만 나는 어머니처럼 뼈를 들고 쪽쪽 빨아먹는다. 그러면 살도 다 먹을 뿐만 아니라 뼛속에 밴 국물이 입안에 퍼지면서 개운해진다.

어머니가 돌아가신 뒤부터는 집안 내력을 물어볼 사람이 없다. 안남미와 납작 보리쌀을 배급받도록 힘써준 외사촌 형네 가족도, 어머니의 늑막염을 무료로 치료해 준 병원 집 외당숙 가족들도 찾을 길이 없다. 그뿐만 아니라 내 머리 뒤통수 흉터의 사연도 내가 태어나기 전 큰 누님이 고된 시집살이가 버거워 목숨을 끊었다는 일들이 어머니와 함께 사라져 버렸다. 이제는 어머니가 아내에게 전수한 조기찌개 끓이는 법을 나도 배워 끓여 먹으며 추억할 뿐이다.

소설가 박완서(1931~2011)는 외아들이 만두를 좋아했다. 한자리에서 스물다섯 개나 먹었다. 그런 아들이 사고로 세상을 떠났다. 세밑이면 "만두 박사가 없는데 무슨 재미로 만두를 빚나"라면서도 만두를 빚었다고 한다. 개성이 고향인 선생은 '얇게 민 밀가루 만두 보에 고기와 남새로 만든 소를 넣고 귀를 모아 맞물려 익혀낸 만두' 만드는 요리법을 어머니에게 전수하여 그 유명한 개성만두를 아들에게 만들어 주었던 것 같다.

어머니가 그리울 때면 조기찌개를 끓인다. 어머니가 그러했듯 뼈에 붙은 살을 발라 먹고 뼈에 밴 국물도 쪽쪽 빨아 먹는다. 감정이 배어있는 기억은 평생을 가는 것 같다. 어머니와 이별한 지 40년이 훌쩍 지났다. 그래도 우리 엄니가 그립다. 그럴 때면 눈물을 쏟으며 조기찌개를 끓여 먹는다.

책거리

_《나의 체류기》출판에 즈음하여

산문집《나의 체류기》를 출판하여 가깝게 지내는 분에게 발송했다. ㅎ 선생 그리고 ㅈ 선생과 발송 작업을 했다. 혼자는 꿈도 꾸지 못할 일이다. 그뿐인가. 발송 작업을 끝내고 찻집에서 책거리도 해준다. 전에는 3, 4백 권을 보냈는데 이번에는 2백 권이 못 되게 보냈다. 발송 작업하면서 동인 활동 중에 고인이 된 최손덕, 김현자, 이효숙 선생을 떠올리며 심기가 불편했다.

누웠다. 일어났다. 이방 저방을 서성였다. 먹고, 마시고, 티브이 보고 라디오 들으면서 하루를 보냈다. 그래도 여전히 허전했다. 다음날은 두툼한 옷을 입고 찬바람, 불고 낙엽 지는 길상사에서 모과차를 마시며 하루를 보냈다. 여전했다. 다음날은 무의도에 갔다. 비가 쏟아졌다. 먹구름을 토해낸 하늘이 언제 그랬냐는 듯 쾌청하다. 맑은 가을하늘을 이고 바닷가를 걸었다. 굴밥을 먹었다. 차를 마시며 넋 놓고 앉아 있었다. 이렇게 며칠이 지났다. 차츰 일상으로 돌아오기 시작했다.

전화가 울린다. 문자가 온다. 카톡이 운다. 전자우편도 온다. 열어봤다. 책 잘 받았다. 두고 잘 읽겠다. 라는 인사말이다. 반갑다. 변변치 못한 책 받고 문자로, 음성으로 손글씨로 응답해 주니. 책을 읽고 소감을 전하는 글 속의 한 마디에 감동한다.

"… 짧은 산문으로 많은 체험과 느낌의 세계를 시적 감성으로 보여주고 있군요" 건강이 좋지 않다는 소식을 듣고 있는데 문자를 주셨다. 특히 '시적 감성'이란 문장에 읽기를 멈췄다. 수필을 쓰면서 시도 쓰고 소설도 쓰는 분들이 부럽다. 작품에 시적인 감성을 담기로 한 내 마음을 읽은 듯싶어서다. "핸드폰으로 마음에 드는 글을 편집해 보았습니다. … 그리고 태석이가 잘 자라서 그림 공부도 성취하였고 여자 친구까지 있다니 대견하고 기쁘네요. 어떤 손자인지 알기에 가슴이 먹먹하여 눈물이 났습니다"

이제는 눈물이 마른 줄 알았는데 또 쏟아진다. 눈물은 가뭄도 타지 않는가 보다. 수필 〈골무와 종소리〉 중 한 구절과 한지에 붓글씨로 수취인 이름을 쓰고 왼쪽 위에 '종소리'라는 두인頭印을 찌어 보낸 것을 유심히 보았다가 "미의 근원이 된 종소리"라는 문자를 보내주었다. 과분한 칭찬 같이만 싫지는 않다. 그런가 하면 "오자 탈자가 많습니다. 책날개에 '저시'는 '저서'의 오자이고 책 발행 숫자가 틀린다"라는 지적도 했다. 천일염 같은 귀한 말씀이다.

답례로 보내오는 책과 반송되는 책으로 우편함이 넘친다. 책 다발이 바닥에 쌓여있다. 되돌아온 사유는 '이사'와 '수취인 부재' 등이다. 다시 보내고 싶어도 보낼 수 없고 보내면 또 되돌아올 이름들이 늘어만 간다. 지운 이름이 더 많은 주소록에서 또 지운다. 돌아온 책에서 단절과 부재를 확인하며 이름을 지워보지만 지워도 지워지지 않는 이름이 여럿이다.

답례로 보내온 책을 펴보았다. 대학교수로 정년퇴임을 했다. 훈장도 받고 대여섯 개의 문학상도 받았다. 문학단체 장을 역임했고 현재도 재임 중인 것도 여럿이다. 또 다른 책을 펴봤다. 신문과 국정교과서에 글이 실렸다. 문학기금을 받아 출간했다. 대단한 분들이다. 벌어진 입이 다물어지지 않는다.

고백하건대, 나는 기획 출판은 엄두도 내지 못하고 자비출판을 하고 있다. 남들이 다 타는 문학상 한번 타보지 못했다. 물론 창작 기금도. 신문이나 국정교과서에 실려보지도 못했다. 문학단체의 대표나 임원 한 번 지내지 못했다. 그렇지만 여기저기 기웃거리지 않으며 읽고 쓰고 느끼면서 지내고 있다. 쓴 글을 모아두었다가 책을 내고 가까이 지내는 분들께 나눠 드리고 전하는 말씀 귀담아듣는다.

내가 나에게 작가라고 뻐긴 적도 없다. '顯考學生父君神位'라고 지방을 쓰고 아버지 제사를 지내듯, 평생을 공부하는 사람으로 머물고 싶다.

며칠 있으면 송년 행사가 열린다. 동인들이 거의 고령인지라 11월로 당겨서 연 지 오래다. 그날에는 책거리도 해준다. 그날이 어서 왔으면 좋겠다.

시력

운전면허증을 갱신하라는 문자가 왔다.

고령 운전자가 면허증을 바꾸려면 치매 검사와 신체검사를 받아야 한다. 치매 검사를 받았다. 밀봉한 검사서를 준다. 봉투를 받으며 이상 여부를 물었다. 직원은 웃으면서 걱정하지 말라고 한다. 다행이다. 신체검사는 국가 검진으로 대신한다는 내용을 읽다가 "아차" 했다. 올해 초 검사 중에 직원이 "시력이 나빠지셨네요"라는 말이 기억나서다. 전화로 확인했다. 예상대로 0.4라고 한다. 그렇다면 불합격이다. 두 눈을 동시에 뜨고 잰 시력이 0.5 이상이어야 하기 때문이다.

요즈음 시력이 현저하게 저하되었음을 느끼고 있다. 책을 읽을 때나 신문을 볼 때도 글자가 잘 보이지 않는다.

오른쪽 눈을 백내장 수술했을 때 안경을 다시 맞추라는 의사의 권유를 듣고도 그대로 지나쳤다. 잔글씨나 숫자가 잘 보이지 않아 동네 안과서 시력검사를 받고 안경도 다시 맞추고 정기적으로 치료를 받고 있다. 오래전부터 안경을 쓰고 지내지만, 시력에 대해 걱정하지 않고 지내고 있는데,

운전한 지 50년이 다 돼간다. 그동안 접촉 사고는 몇 번 있었지만, 인명사고 없이 무탈하게 지내왔다. 요즘은 대중교통이 발달해서 이동에 큰 불편 없지만, 전에는 출퇴근 때는 '교통지옥'이었다. 내 차는 '지옥'에서 벗어나게 해주는 귀한 존재였다. 지금은 장보기나 병원 다닐 때나 여가 보내기 등에 사용하고 있다. 아직은 가까운 거리를 운전하는 데는 불편함이 없는데 갑자기 운전면허증을 발급받지 못한다고 하니 당황스럽다.

고심 끝에 치료받고 있는 안과에 갔다. 고령 운전자 면허증을 갱신하고자 하는 데 시력검사를 받겠다고 했다. 검사를 마치고 밀봉한 검사서를 준다. "몹시 나쁜가요?" 라고 물었다. 직원은 "괜찮은데요"라고 대답한다. "0.5는 되나요?"라고 또 물었다. "괜찮다니까요"

자동차 시동을 걸었다. 운전면허시험장으로 달렸다.

제5부

자리 잡기

눈뜬장님

집에서나 밖에서나 안경을 쓴다. 사십 대 초반에 먼 곳이 잘 보이지 않아 쓰기 시작했지만, 노안이 시작되면서 다초점 안경을 쓰고 있다.

색안경을 사러 안경원에 가서 마음에 드는 것을 골라 써봤다. 앞이 흐리게 보인다. 시력검사를 한 결과 근시가 심하다면서 안경을 우선 맞추라고 한다. 가까운 곳은 잘 보인다고 대꾸했다. 먼 곳이 잘 보이지 않는 것을 근시라는 설명을 듣고 고개를 끄덕였다. 안경을 쓰니 먼 곳이 환하게 보였다.

어느 날 책을 읽는데 글자가 잘 보이지 않는다. 안경원에 갔다. 노안이라면서 다초점 안경을 써야 한다고 했다. 새것으로 바꿔 쓴 뒤부터는 먼 거리도 가까운 거리도 잘 보인다. 집에서 책을 보거나 글을 쓸 때는 돋보기를 쓴다. 책을 읽고 글을 쓰는 데는 다초점 안경보다 돋보기가 훨씬 잘 보이고 편해서다. 이렇게 잠자는 시간 이외에는 안경을 쓰고 지낸다. 나는 분명 눈을 떴어도 안경을 쓰지 않으면 사물을 분별할 수 없는 사람이 되었다.

국민학교 4학년 때로 기억된다. 미술 시간에 운동장에서 그림을 그렸다. 선생님이 내 그림을 보시고 웃으면서 교무실로 가서 그림책을 펴놓고 읽으라고 했다. "너는 적록색약"이라고 말씀하셨다. 군에 입대하여 훈련 중 대학 재학생은 장교로 임관할 수 있다는 소식을 듣고 지원했으나 적록색약이라서 불합격되었다. 자동차 운전면허 시험을 볼 때 적성검사에서 불합격 판정을 받고 이의를 제기했다. 신호등이 설치된 검사장에서 재시험 결과 합격하는 우여곡절을 겪기도 했다. 차를 운전할 때 될 수 있는 대로 내 앞에서 신호가 바뀌지 않기를 바라지만, 맨 앞에서 다음 신호를 기다릴 때는 내심 불안하다. 적록색 약자인 나는 지레 겁을 먹고 신호가 바뀌어도 출발하지 않으면 뒤

차가 경적을 울려댄다.

눈이 가렵고 눈물이 흘러 안과에 갔다. 의사는 백내장 수술을 하라고 한다. 오른쪽 눈을 수술한 결과 세상이 환하게 보인다. 만족했다. 그러나 만족감도 잠시 전과 같아졌다. 오히려 앞이 흐리게 보인다. 안과에서는 수술 후 시력이 변했다면서 다시 맞추라고 한다. 안경원에서 다초점 안경으로 바꾸고 돋보기도 바꿨다. 새 안경을 써도 여전히 잘 보이지 않는다. 이제는 책을 읽을 수 없을 정도다. 그래도 여성이 손가방을 들고 다니듯 책을 들고 다니며 틈틈이 펴보지만, 글자가 잘 보이지 않는다. 은행에서 전표를 쓸 때도 글자가 잘 보이지 않아 애를 먹는다. 안경원에서는 시력이 약해져서 그렇다며 방법이 없다고 한다.

외출할 때는 돋보기를 가지고 다닌다. 동회나 은행에서 작은 글씨를 볼 때나 책을 읽을 때는 돋보기로 바꿔 쓴다. 볼일이 끝나면 또 바꿔 쓴다. 안경을 바꿔 쓰는 것이 일과처럼 되었다. 서점에서 책을 살 때도 글자 크기를 먼저 본다. 글자가 작아서 볼 수 없어도 꼭 소장할 책은 사서 서가에 꽂아놓는다. 가끔 펼쳐보는 것으로 아쉬움을 달랜다. 서가에는 읽지 못하는 책이 늘어만 간다.

한국출판협동조합에서는 낮은 시력 때문에 독서 활동

이 불편한 노인을 지원하기 위해 글자 크기를 키워서 도서를 제작하고 이를 공공도서관에 보급하는 '큰 글자 책 사업'을 진행하고 있다. 그러나 도서관 가는 번거로움과 내가 필요로 하는 책이 큰 글자로 제작되지 않아 아쉬움만 쌓인다. 시력은 갈수록 약해져 눈 뜨고도 글을 읽지 못하는 지경에 이르렀다.

속담에 '눈뜬장님'이란 말이 있다. 그렇다. 나는 눈을 뜨고도 글을 잘 읽지 못하고 쓰지도 못하니 시각장애인이 된 것 같다. 글을 모르는 사람이나 무엇을 보고도 제대로 알지 못하는 사람을 '눈뜬장님'이라고 한다. 또한, 사리에 밝지 못하여 눈을 뜨고도 사물을 제대로 분간하지 못하는 사람을 비유적으로 이르는 말로도 쓰인다. 나는 비록 눈을 뜨고도 글을 읽지 못할지언정 사리에 밝지 못하여 사물을 제대로 분간하지 못하는 사람이 되고 싶지는 않다.

오늘도 돋보기와 책 한 권 들고 집을 나선다.

내 안의 여과기濾過器

영화 〈니모를 찾아서〉는 소심한 아빠 물고기가 아들 찾아 해저 삼만 리 장정에 오른다는 만화영화다. 2003년 뉴스위크 올해의 10대 영화에 선정될 만큼 널리 알려진 작품이다.

이 영화가 흥행에 성공하자 아이들이 있는 집에서는 니모를 기르는 집이 늘어났다. 영화 덕분에 수족관은 호황을 누렸다. 우리 집도 예외가 아니었다. 막냇손자 준석이의 성화에 못 견뎌 니모를 기르기 시작했다. 나도 녀석 덕분에 니모의 재롱을 보면서 지내던 어느 날, 어항에 니모가 둥둥 떠올랐다. 녀석은 니모를 부르며 몸부림쳤지만, 죽은 니모가 살아오지 않았다. 여과기 고장으로 물속의 부유물과 찌꺼기를 걸러 주고 물을 순환시켜 썩는 것을 막아 주지 못해서 니모가 죽은 것이다.

여과기는 어항뿐만 아니라 우리가 생활하는 곳곳에 존재한다. 자동차에도 주기적으로 교환이 필요한 여과기가 여럿 있다. 공조기에 설치된 여과기를 정기적으로 갈아주지 않으면 꿉꿉한 냄새가 난다. 거친 공기가 자동차 실내에 곧장 들어오기 때문에 호흡기 질환 등을 유발할 수 있다. 이 밖에도 실내공기를 정화하기 위하여 건물에도 냉방기에도 설치되어 있다.

사람 안에도 자동차 공조기에 설치된 여과기처럼 몸 곳곳에서 여과 작용을 하고 있다. 신장은 '몸의 노폐물을 제거해 주고 체내 수분과 전해질 등의 균형을 조절해 주는 역할을 한다.' 신장이 나빠지면 몸이 붓고, 숨이 차고, 혈뇨와 소화가 안 된다. 신체 전반에 걸쳐 문제가 생긴다. 기계에 설치되어 있거나 신장 같은 기관은 교체하거나 수술하면 기능을 회복할 수 있지만, 정신적인 질환에는 형체가 없는 무형의 여과기를 설치한다 해도 쾌차하기까지는 오랜 시간이 걸린다.

우리 집 장손 태석이는 9살 때 어미와 헤어졌다. 사무치는 그리움이 쌓여 급기야는 우울증을 앓게 되었다. 의사는 "정신질환은 배가 아프면 약을 먹으면 씻은 듯이 낳는 것처럼 쉽게 완쾌되는 병이 아닙니다. 꾸준히 치료하고 성년이 되어 사랑을 시작하면 아주 좋아집니다. 조급하게 마음먹지 마세요."라고 말했다.

녀석은 마음을 붙이지 못하고 방황했다. 그림을 그리기 시작하면서 서서히 진정되는 것 같았다. 고등학교를 졸업하고 파리로 갔다. 생각보다 잘 적응했다. 같은 학교에서 여학생을 만나 사귄다고 했다. 정신과 의사의 말이 떠오르며 다행이란 생각이 들었다. 혼자 지낼 때보다 명랑해 보였다.

나도 성격이 급한 편이다. 화를 내다가도 시간이 얼마 지나지 않아 바로 수그러든다. 그렇지 않으면 일낼 것이라는 충고를 듣는다. 전문가의 상담을 받을 기회가 있었다. 양치질할 때 5분 이상할 것. 머리를 천천히 감으면서 잘 헹굴 것. 버스나 전철을 탈 때는 일부러 한 대 보내고 탈것…. 이런 내용의 억제하는 훈련을 일상화하라고 했다. 전문가의 권유에 따라 훈련해서 그런지 나이가 들어서 그런지 내가 생각해도 요즘은 많이 느긋해진 것 같다.

그러고 보니 여과기는 우리 집 장손 태석이 안에서도 내 안에서도 멈추지 않고 작동하고 있는 것 같다. 고마울 따름이다.

일상의 틈 사이로

올여름은 예년보다 더 더운 것 같다. 비교적 더위를 덜 타는 편인데 오래 살아서 그런지 올 여름나기가 힘이 든다. 선풍기를 틀면 더운 바람이 나온다. 한여름이면 더운 바람이 나오고 처서가 지나야 시원한 바람이 나온다던 어머니 말씀이 생각난다. 하는 수 없이 에어컨을 튼다. 시원하다. 하지만 요금 폭탄이 두려워 온도를 내렸다 올렸다 하며 안달 부리는 내가 마음에 들지 않는다.

아내가 차려주는 점심을 맛나게 먹고 출근하듯 나들이 준비한다. 머리 빗고 햇볕 차단제 두껍게 바르고 흰색 모시 긴팔 셔츠 소매를 두 번 접는다. 그리고 책 한 권 들고 집을 나선다.

구름이 끼었는데도 더위가 만만치 않다. 걷기는 해가 질 녘으로 미루고 찻집으로 간다. 문을 밀고 들어서자, 냉기가 몸을 감싼다. 피서지에 온 것 같다. 주인은 눈인사하며 따뜻한 아메리카노를 만들어 건네고 장부에 빗금을 긋는다. 열 번을 그면 한잔을 무료로 주는 장부다. 차 한 잔 마시고 두세 시간을 머무는데 무엇이 예쁘다고 덤까지 챙겨주는지 모르겠다. 찻잔과 과자 하나를 들고 창가 자리에 앉는다.

오늘은 유현준의 《도시는 무엇으로 사는가》를 읽는다. 건축가가 인문학적인 시선으로 건축물을 해석하고 의견을 제시하는 내용이다. 읽다가 느낌이 오는 문장에 밑줄 긋고 찻물 한 모금 넘기고 창문 너머 하늘을 바라본다. 그러다 순간 떠오르는 생각을 수첩에 적는다. 책을 읽다가 허공을 바라보고 있으면 어릴 적 누나와 다투던 일, 다락에 올라가 곶감을 몰래 먹고 나오면 "인쥐가 또 곶감을 먹었네!"라며 나를 쳐다보며 미소 짓던 엄마 얼굴. 늦은 밤에 어머니 아버지가 집안일을 상의하던 말들을 잠결에 듣던 때가 어제처럼 또렷이 떠오른다.

불광천을 걷는다. 저녁나절인데도 푹푹 찐다. 걷다 쉬다 또 걷는다. 글을 쓰다가 막힌 대목의 다음 문장이 떠오른다. 걸음을 멈추고 수첩에 적는다. 집에 있을 때는 막막하던 것이 환경을 바꾸면 문장이 떠오른다. 그래서 출근하듯 차려입고 서오릉과 진관사 근처를 번갈아 걷는다.

날이 갈수록 행동반경이 좁아진다. 며칠 밤을 묵고 올 수 있는 거리에서 하룻밤 묵고 올 거리로, 당일치기할 수 있는 거리에서 한나절 거리로, 지금은 두세 시간 머물 수 있는 거리, 아니 집 근처를 맴돈다. 언제인지는 모르겠지만 밖에서 안으로 떠나는 여행을 되풀이하는 날이 올 것이다. 그때도 지금처럼 책 한 권 들고 맞이하기를 소망한다.

짐 자무쉬가 감독한 영화 〈패터슨〉이 생각난다. 버스 운전기사 패터슨이 살아가는 일상을 담은 영화다. 아침 일찍 출근해서 버스 운전하고 퇴근하면 반려견과 산책한 뒤 단골 술집에 들러 맥주 한잔 마시고 돌아와 잠자리에 든다. 반복되는 삶이 지루하고 시시해 보이지만, 패터슨은 반복되는 틈 사이로 자신만의 시간을 만들어낸다. 노트에 매일 마주하는 일상을 적는다. 그를 시를 쓰는 운전기사라고 부른다.

매일 똑같은 하루지만 일상을 자세히 바라보고 의미를 찾는다면 우리의 하루는 어제와 다를 것이다. 하루하루를 그냥 보내지 말고, 의미를 부여하고 어제와 다른 오늘에 기꺼이 즐거움을 느낄 때 비로소 삶은 예술이 된다.

나 또한 퇴직하자 그동안 접어두었던 글쓰기를 다시 시작했다. 패터슨처럼 반복되는 일상의 틈 사이로 나만의 시간을 만들어 의미 부여하며 살려고 애쓴다. 찻집에서 길에서… 틈틈이 적어놓은 글이 모여 한 권의 책이 된다.

오늘도 무료한 일상 속을 책 한 권 들고 걷는다.

누룽지

솥 바닥에 눌어붙은 밥을 숟가락으로 긁어서 만든 오독오독하면서도 고소한 누룽지를 좋아한다. 누룽지가 생각나면 서오릉 근처에 있는 설렁탕집에 간다. 솥밥이 나오는 집이다. 밥을 푸면 솥 가장자리에 눌어붙은 밥을 긁는다. 오독오독하고 바삭한 누룽지를 한입 먹는다. 그리고 뜨거운 물을 붓고 뚜껑을 덮은 뒤 한참 있으면 눌은밥이 된다. 눌은밥 먹고 숭늉을 마시면 부러울 게 없다.

어렸을 때 일이다. 어머니는 밥 지을 때면 한사람 분량의 밥을 눌려서 누룽지를 만들어 주셨다. 가을에 수확한 식량이 떨어지고 보리가 여물지 않는 봄이면 보릿고개 넘기가 힘든 시절이었다. 설령 식량이 남아있다 해도 쌀은 눈 씻고 보려야 볼 수 없었다. 그런 시절에도 누룽지를 만들어 주었다. 시골에서는 자연에서 열매를 채취하거나 고구마 아니면 옥수수로 주전부리하던 때인지라 누룽지는 남다른 군것질이었다.

산업이 발달하여 전기밥솥이 대중화된 뒤로는 시골 동네 가마솥 밥 전문 식당 아니면 제대로 된 누룽지를 먹기 힘들어졌다. 일반 쌀은 물론 현미로 누룽지를 만들어 팔고 있지만, 어머니가 만들어 준 그런 맛이 아니다. 어머니 돌아가시고 아내가 가끔 누룽지를 만들어 줄 때도 있지만 어머니 손맛이 그리울 때면 솥 밥집을 찾아다닌다.

또 누룽지가 생각나면 인사동 입구에 있는 돌솥 밥집에 간다. 그 집은 돌솥에 쌀을 안쳐서 푹 끓인다. 뜨끈뜨끈한 솥 가장자리에 밥이 눌어붙기 전에 국물로 축이면 오독오독한 누룽지가 된다. 나는 어머니가 긁어주던 그 맛을 느껴보려고 그 집을 찾아간다.

솥 밥 먹고 누룽지를 먹으며 창밖을 내다봤다. 비가 내린다. 노안老眼으로 바라본 통유리 창에는 빗방울이 가득 맺혀있다. 비에 젖은 새 한 마리가 창가에 앉는다. 비 피하려고 잠시 들린 새의 안식을 지켜주기 위해 유리창 안에서 내쉬는 숨마저 참으며 꼼짝 못 하고 앉아 있다. 아버지 돌아가시고 집안이 기울면서 고단한 삶을 살았던 어머니 모습이 유리창에 비친다. 남의 집에 바느질품팔이 갔다가 자기 몫의 저녁밥과 누룽지를 얻어서 돌아오는 어머니를, 눈이 빠지라 기다리던 소년이 보인다.

누룽지는 칠십 년이 넘는 세월에 묻힌 기억을 찾아낸다. 순례하듯 솥 밥집을 찾는 것은 잃어버린 기억을 찾아내는 일이다. 두레 밥상에 둘러앉아 밥 먹다가 누룽지를 서로 먹으려고 다툼하던 일이 떠오른다. 누룽지에는 우리 가족이 들어있다.

어머니가 긁어주던 누룽지 맛을 다시는 맛보지 못할 것을 알면서도 오늘도 그 맛을 따라 길을 나선다.

연신내

3호선을 타고 구파발 방면으로 가다 보면 연신내역이 나온다. 연신내는 조선 시대에 역참驛站이 있었다. 지금은 교통의 요지이며 은평구에서 최고의 번화가다. 그러나 연신내는 행정구역상 존재하지 않는 지명이다.

1623년 광해군 때 조카 능양군이 반정을 일으켰다. 능양군은 북한산 아래 개천에 모이기로 했는데 이서가 늦게 도착했다. 뒤늦게 진격하였지만, 반정이 성공했다. 하마터면 그릇 칠 뻔했다. 이서가 능양군을 기다리게 했던 곳을 연신내라고 부르게 되었다.

내 고향은 대전이다. 고등학교를 졸업하고 공무원 생활을 인천에서 시작했다. 경인선 열차를 타고 가끔 서울 나들이를 했다. 그러다가 서울에 있는 야간대학을 다니면서 매일 드나들었다. 퇴근하자마자 서울에 가서 공부하고 막차로 돌아왔다. 낮에는 공무원 밤에는 학생 신분이었다. 이중국적이 이런 것이 아닐까 하는 엉뚱한 생각을 하면서.

1960년 4월 18일. 서울역 광장에서는 총탄이 빗발쳤다. 군경이 내 또래의 학생들을 향하여 총탄을 쏘고 있었다. 전장 터 같은 서울역을 벗어나 되돌아오는 열차 안에서 내가 나에게 질문했다. "친구들은 피를 흘리고 있지 않은가?" "나는 공무원 신분이다. 불법시위(?)에 참여하면 되는가."라고 답했다. 4·19혁명을 이렇게 비껴갔다. 그다음 해에는 5·16쿠데타로 나라가 흔들렸다. 그래도 공무원 신분을 유지했다. 시류에 편승하여 승진도 했다. 그뿐 아니라 드디어 서울로 입성하게 되었다.

지방 생활을 끝내고 선망하던 서울살이를 서대문구 남가좌동 사글셋방에서 시작했다. 남가좌동을 모래내라고 불렀다. 북한산에서 발원된 개천은 홍제원 부근에서 모래 밑으로 스며들어 물 대신 모래뿐인 데서 유래되었다고 한다. 그런데 비가 오면 도로가 곤죽이었다. 황토로 범벅이 된 구두를 신고 사무실에 들어가면 바닥이 흙투성이가 되었다. 비 오는 날이면 반장화를 신고 출근한 뒤 구두로 바꿔 신었다. 당시 "마누라 없이는 살아도 장화 없이는 못 산다."라는 자조적인 말이 떠돌았다. '변두리 인생'의 애환이었다.

비가 오면 곤죽이 되는 동네를 떠나 마포종점 근처로 이사를 했다. 사글셋집에서 전셋집으로. 다행스럽게도 도로가 포장되어 반장화를 신지 않아도 되었고 월세를 걱정하지 않아 살 것 같았다. 그런데 장맛비가 온종일 퍼부었다. 아침에 일어나보니 물이 마루까지 들어와 있었다. 마포배수펌프장 고장으로 침수된 것이다. 변두리에 몰려 사는 서민들은 비가 와도 눈이 와도 걱정이었다. 걱정을 달고 살았다. 특별 시민은 아무나 되는 것이 아니었다.

어린 자식 셋에다가 노모 모시는 서울살이가 만만치 않았다. 문학의 꿈도 접고 직장에 충실해지려 했지만 서툴기만 했다. 때로는 가슴 두근거리며 김지하의 《五賊》을 읽고 야당 대통령 후보의 장충공원 유세를 듣다가 정보계 형사와 맞닥뜨려 곤욕을 치르기도 했다.

은평구 갈현동으로 이사했다. 연신내라고 불렀다. 전보다 시내가 더 멀어졌지만 난생처음으로 대문에 내 이름이 새겨진 문패를 달았다. 눈치 보지 않고 어깨 펼 수 있는 내 집이었다. 어머니께도 자식에게도 체면이 섰다. 한숨 돌릴만하니 어머니가 편찮으셨다. 위암이었다. 몇 년 뒤에 어머니 보내드려야 했다. 어머니 보내드리고 자식들이 중·고등학교를 졸업할 때까지 연신내를 벗어나지 못했다. 연신내는 제2의 고향이 되었다. 강남에서도 아파트에서도 살아보지 못하고 연신내 근처를 뱅뱅 돌았다.

퇴직 후에도 연신내에 근처를 맴돌면서 접어두었던 글쓰기를 시작했다. 책을 들고 길을 걷다 다리가 무거워지면 찻집에 들러 창문으로 세상 구경하다 책 읽다 집으로 돌아왔다. 때로는 글 벗들과 문학기행도 떠나고 전염병이 기승을 부릴 때도 마스크 쓰고 찻집에서 합평회 하면서 글공부했다.

고향을 떠나 이곳저곳에 머물면서 이쪽에서도 저쪽에서도 받아들여지지 못하는 주변인인지도 모른다. 연신내는 제2의 고향, 아니, 고향이다.

울어버릴 것만 같다

사계절 중에 여름나기가 가장 힘들다. 겨울은 따뜻하게 난방하고 보온 잘되는 옷을 입으면 견딜만하지만, 여름은 벗어도 덥기는 마찬가지다. 올해처럼 잠 못 이루는 밤이 한 달 넘게 계속되면 더욱 그렇다. 여름을 꺼리면서도 한편으로는 뜨거운 여름이 어서 오기를 기다린다. 내가 좋아하는 자두가 익어가는 계절이기 때문이다.

몇 해 전부터 지구가 더 뜨거워진 탓에 사과 생산량이 줄어들었다. 급기야는 사과 한 개에 만 원을 호가하다 보니 '금사과'라는 신조어가 생겼다. 애초에는 경상도 지방에서 잘 자랐으나 지구가 뜨거워지면서 이천 년 대에는 중부지방으로 확대되었다. 이천이십 년대에는 재배면적이 강원도 지방으로 북상하더니 급기야는 '금사과'가 탄생하고 머지않아 먹을 수 없게 될 것이라는 전망이다. 사과 배등 국내산 과일값이 폭등하자 자몽, 망고, 오렌지, 키위 등 열대과일을 수입하여 판매하기 시작했다. 흡사 열대지방의 과일 가게 같은 착각할 정도였다.

올여름은 무더울 뿐만 아니라 갑자기 벼락같이 비가 쏟아지다가 언제 내렸냐는 듯, 해가 쨍하고 날씨가 바뀌는 날이 계속되었다. 사람들은 흡사 베트남이나 태국의 어느 도시에서 맞는 '스콜' 같다면서 우려를 표한다. 종전처럼 장마철을 예보하고 이에 맞춰 대책을 수립하던 그때가 아닌 것 같다.

내가 좋아하는 자두는 사월이 오면 잎보다 꽃이 먼저 핀다. 그 꽃을 오얏꽃이라고 부르며 대한제국 황실의 꽃이 이 꽃이다. 자두 맛은 새콤달콤하며 붉은색은 당도가 떨어지고 노란색과 연두색이 섞여 있는 것이 더 달고 맛이 좋다고 한다. 더위와 추위에 비교적 잘 적응한다는 자두나무도 기온이 상승하면서 언젠가는 사라질지도 모른다고 생각하면 아련한 슬픔에 잠긴다.

고등학교를 졸업하고 이듬해 인천에서 직장 생활을 할 때다. 토요일이면 서울역 대합실에서 그네와 만났다. 고등학교 때 문예반에서 알게 된 그네는 대학에 진학했고 나는 직장 생활을 하면서 만남을 이어갔다. 자두를 좋아하는 그네와 자하문에 있는 자두밭에 갔었다. 한 자리에서 네댓 개를 먹고 사서 올 정도였다.

외출할 때는 가방에 넣고 다니며 내가 야간대학 수업을 마치고 인천행 기차를 탈 때면 손에 쥐여 주기도 했다. 여름밤 기차 창문으로 밤바람이 쏟아져 들어오는 의자에 앉아 자두를 먹었다. 한입 베어 먹으면 새콤달콤한 맛과 함께 그네의 손길이 느껴졌다. 세월이 흘러도 여름이 오면 기차에서 먹던 자두 맛과 그네의 손길이 느껴질 때면 흠칫 놀랄 때가 있다. 그네가 잊힐만하면 여름이 오고 여름이 오면 자두가 익어가고 그 자두를 먹을 때면 지금도 그네가 그립다.

육십 년이 훨씬 지난 지금, 내 기억 속에는 자두가 떠오르고 뜨거운 여름을 거부하면서도 기다리는 이중성, 거기에는 그네가 있고 자두가 있기 때문이다. 자두가 익어가는 여름을 기다리다 자두를 한입 베어 물때면 그네의 손길이 느껴진다. 그럴 때면 지금도 울어버릴 것만 같다.

장조카

조카딸이 전화했다. '작은아버지' 하고 한참 뜸을 들이다가 어눌한 말투를 이어간다. 보내준 책을 읽다가 눈물이 나서 전화했다고 한다. 얼마 전에 출간한《나의 체류기》를 읽은 것 같다. 밥 한번 먹자고 한다. 출판을 축하해주고 싶다는 뜻이다, 좋다고 했다.

맏형님은 따님 둘을 두셨다. 전화한 조카는 맏딸이다. 올해 89세다. 둘째 조카는 나와 동갑이다. 그러고 보니 고부姑婦가 같은 시기에 출산했다. 나는 5남매 중 막내다. 윗분들은 다 돌아가시고 나만 남았다. 그 조카들이 내 집을 친정으로 알고 왕래하고 있다.

조카딸은 자신이 아들이었으면 장손 노릇을 할 터인데 작은아버지에게 대소사를 맡겨 죄송하다고 한다. 그 말속에는 자신의 부모 제사도 맡기게 되어 미안하다는 뜻도 포함되어 있다. 제사 때면 제물을 준비함은 물론 집안 대소사에는 빠지지 않는다. 장손의 몫을 톡톡히 하고 있다. 우리 집 장조카다.

내 나이 13살 때 아버지 돌아가시고 큰형님 댁에서 청소년기를 보냈다. 한국전쟁 직후인지라 거리에는 전쟁고아가 넘쳐나고 해외로 입양되어 떠나던 시절, 그래도 나에게는 돌아갈 집이 있었다. 형님이 모른 체했으면 오늘의 내가 존재하지 못했을 것이다. 제사 모시고 산소 돌보는 것도 이에 대한 보은의 뜻이 담겨있다.

장조카는 3년 전에 남편과 사별했다. 자식들이 홀로 지낼 어미 문제로 모였다. 의론 끝에 막내가 같이 살겠다고 했다. 아직은 혼자 지내는 것이 편하지만 그냥 따르기로 했다. 살다 보니 젊은이들과 먹는 것 입는 것 잠자는 것까지 달랐다. 내색할 수도, 참을 수도 없었다. 난감했다. 궁리 끝에 생활은 서로가 자유롭게 하자고 했다. '한 지붕 두 가족'이 되었다. 그래도 어미를 지키겠다는 자식의 충정이 고마울 따름이다.

세월의 무게에 등은 굽었고 관절이 성치 않아 계단을 오르내리기가 어렵다. 요즘은 청력이 떨어져 필담으로 의사를 전달할 때도 있다. 그럴수록 병석에서 오래 고생하던 남편을 떠올리며 미래에 대한 걱정이 크다. 아직은 모임에도 나가고 노인 회관 출입도 하지만. 하루하루가 힘에 부친다. 다행히 자식들이 제자리 잡자, 한시름 놓았다. 그런데 몸이 말썽을 부린다. 세월이 가뭇없이 지나간다.

제삿날이면 다리가 불편해서 5층에 사는 작은아버지 집에 올라오지도 못하고 자동차 안에서 제사를 지낸다. 그렇게라도 거르지 않고 참례하는 그가 고마울 따름이다.

며칠 있으면 형님 기일이다. 눈이 많이 내린다는 예보다. 그날은 일찍부터 경사진 주차장 입구에 모래도 뿌리고 눈도 치워야겠다. 장조카가 타고 오는 차가 미끄러지지 않게.

축구 행정가의 길

나는 손주 넷이 있다. 위로 셋은 나름대로 제 길을 찾아가고 있지만, 막냇손자 준석이가 문제다. 녀석은 초등학교 때부터 축구를 시작해서 중학교부터는 선수 생활을 했다. 합숙하면서 오전수업이 끝나면 운동을 했으니, 성적은 보나 마나일 것 같다. 부상을 달고 지냈지만, 그런대로 견디는듯했다. 늘 조마조마했다. 방정맞은 생각이지만 녀석에게는 선수보다는 축구 행정가가 맞을 듯싶었지만, 본인보다 제 어미·아비가 더 열성이니 내가 낄 자리가 없었다.

고2 때 문제가 생겼다. 녀석이 합숙소에서 이탈했다는 소식이 들려왔다. 크고 작은 부상을 달고 지냈지만, 허리 부상으로 주전에서 밀리고 잘못하면 대학 진학도 불투명한 것을 알아차린 녀석은 일을 저지르고 말았다.

축구를 접고 학력고사 준비를 시작했다. 초등학교부터 공부와 거리를 두었으니, 축구가 만만하지 않았던 것처럼 공부는 더했다. 최선을 다했지만 4년제 대학은 엄두도 못 내고 전문대학에 입학했다. 준석이 안부를 물으면 대학에 잘 다닌다고 얼버무렸다. 저도 마음이 상했는지 1학년을 마치고 군에 입대했다.

제대 무렵 면회를 하러 갔다. 이런저런 이야기 끝에 학교 문제를 꺼냈다. 축구도 끝을 보지 못했고 공부 또한 열중하지 못했다. 최선을 다해 보지도 못하고 전문대학에 입학했다. 최선을 다한 결과라면 어쩔 수 없는 일이지만. 이대로 주저앉으면 자신에 무책임한 것이라고 내 의견을 말해 주었다.

제대를 앞두고 많은 생각을 한 것 같다. 수능 학력고사에 재도전하기보다는 대학 편입시험을 통해서 4년제 대학에 편입한 뒤 축구 행정가의 길을 걷겠다고 했다. 아직도 축구에 향한 꿈을 접지 않고 있음을 확인할 수 있었다.

녀석의 등을 두드려주면서 울컥하는 마음을 참아냈다.

제대 무렵 어미가 유방암으로 입원했다. 녀석은 나하고 지내기로 했다. 침식을 같이하면서 살폈다. 새벽같이 나가서 밤이 이슥해서야 돌아왔다. 입술이 부르텄다. 나을 만하면 또 부르텄다. 눈꺼풀이 떨린다고 했다. 그래도 나가고 들어오는 시간에는 변함이 없다. 고3보다 더 열심인 것 같다. 학원 근처에서 점심을 같이했다. 선생님과 상담했다. 전체 수강생 중 10위안에 든다며 서울에 있는 대학 중에서 상위권 대학에 편입할 수 있는 실력이라고 했다.

갑자기 앞이 환해지는 것 같다. 우리 준석이도 자신에게 맞는 일 하면서 세상을 활보할 날을 기다린다. 반드시 그날이 올 것을 굳게 믿는다.

우리 집 식구食口

나는 식구食口라는 말을 좋아한다. 식구라는 말에는 가까운 사람끼리 김이 모락모락 나는 밥상에 둘러앉아 밥 먹는 장면이 떠오른다. 식구는 같은 공간에서 함께 살면서 서로 돌보는 사람들로, 혈연관계가 아니어도 누구나 식구가 될 수 있다. 결혼해서 가족을 이루는 사람은 줄고 가족이 아니어도 한집에서 한솥밥 먹는 식구가 늘어나는 추세다. 내가 어렸을 때는 가족이라는 말보다는 식구라는 말을 더 많이 썼다. 아내를 소개할 때도 "우리 집 식구"라고 했다. 나는 우리 집 식구와 둘이 살고 있다.

나는 20년 가까이 1인 가구로 살았다. 우리 집 식구가 큰아들네 집에서 손주 녀석들을 돌보다가 성년이 된 뒤 돌아와 지금은 2인 가구가 되었다. 같이 산다지만 자신의 방에서 독립(?)된 생활을 하다가 식사 때면 만나지만 한 집에 있다는 것만으로도, 든든하고 의지가 된다. 우리나라는 1인 가구가 전체 가구의 34퍼센트를 차지하고 있다. 2인 가구는 28퍼센트로 1~2인 가구가 61퍼센트다. 가족이 사라지고 식구만 존재한다는 글을 읽은 기억이 난다.

가족이 없어서 혼자 사는 사람도 있지만, 성년이 되어 본가를 나와 자기 주도적으로 사는 사람이 늘고 있다. 좋은 사람이 생겨도 같이 사는 것보다는 주말에 만나 함께 보내는 방식으로 살기도 하고 남편도 자식도 없이 어디에 묶이지 않고 홀로 긴 여행을 떠나고 새로운 모험을 하면서 살기도 한다. 무엇보다도 혼자 살면 인생의 중요한 결정을 할 때는 생각을 즉시 행동으로 옮길 수 있어 좋다고 한다.

나는 우리 집 식구와 둘이 살아도 혼자 산다는 마음으로 살고 있다. 외롭고 고독할 때가 있다. 혼자 지낸다는 것은 나만의 시간과 공간을 가질 수 있고, 멍때리기를 해도 좋고, 쪽마루에 있는 화초를 가꾸면서 나를 달래고 북돋고 비우고 채우는 게 가능해서 좋다. 하지만 문득 밀려오는 외로움을 감당하기에 버거우면 힘에 부치도록 걷고 또 걷다가 녹초가 되어 자리에 눕는다. 눈을 떠보면 아침이다. 누구는 자학이라고 하지만 어찌할 방법이 없다. 그래서 영국에는 사회적 고독 문제의 해결을 전담하는 외로움 장관직을 신설했고 일본도 내각 관방에 고독과 고립 대책담당관실을 운영하는 것 같다.

외로움도 문제지만 홀로 살면 아플 때가 서러울 것 같다. 아직 '이러다 죽겠구나!' 싶을 만큼 아픈 경험이 없었지만 혼자 있다가 위급한 상황을 상상하면 심란하고 불안하다. 서울시의 조사에 따르면 1인 가구의 86퍼센트가량이 혼자 사는 거에 만족하지만 곤란하거나 힘든 점으로는 "몸이 아프거나 위급할 때 대처하기가 어렵다"를 가장 많이 꼽았다고 한다.

나이 들어가면서 사람을 지탱해 주는 것은 관계인 것 같다. 가깝게 지내던 친구가 세상을 떠나고 아내만 홀로 남게 되었다. 동네에서 처지가 같은 할머니 대여섯이 모여 아프면 병구완도 해주면서 공동생활을 하고 있다. 그들처럼 우리 집 식구나 나나 마음이 넓지도 못하고 번잡함을 꺼리는지라 자신의 방을 지키면서 외롭게 살고 있다. 한두 번 입원 치료를 했지만, 자식들에게 알리지 않았다. 앞으로도 그럴 생각이지만 노년에는 모든 이가 그렇듯 누군가의 도움을 받는 것이 불가피할 때가 올 것 같다. 그때가 문제다. 아직은 도움 없이 해결하고 있지만 어느 한편이 건강을 잃거나 홀로 남겨졌을 때의 대비책을 마련할 때인 것 같다.

우리 집 식구와 함께 장보고, 식당을 찾아가고, 찻집에서 책을 읽다가 돌아올 수 있으니 아직은 다행이지만.

자리 잡기

지하철을 탈 때는 승강장 노약자석 표시 앞에 서서 기다린다. 운이 좋아서 빈자리가 있으면 얼른 앉는다. 잠시 앉을 자리 잡기도 쉬운 일이 아니다. 우리의 삶 또한 작은 몸 하나 앉고 눕힐 자리 잡고 지키기 위해서 평생을 씨름하는지도 모른다.

지금은 공공시설에 지정좌석제가 시행되고 있지만, 전에는 먼저 앉는 사람이 임자였다. 기차나 버스를 탈 때면 일찍 나가서 기다려도 잡을까 말까였다. 자리를 사고, 파는 일도 있었다. 용기 있는 노인은 "아이고 다리야" 하면서 엉덩이를 디밀 때면 양보하고 몇 시간을 서서 갈 때도 있었다. 통로나 화장실에도 발 디딜 틈이 없어 화장실 출입도 어려운 시기였다. 참다못해 다녀오면 다른 사람이 앉아 눈을 감고 자는척하면 또 서서 가야 했다. 사람은 많고 자리가 턱없이 부족한 시절이라 자리다툼이 치열했다.

1950년대 중반에 극장 지정좌석제가 시행되었을 때 모두가 환호했다. 짐짝 취급받다가 모처럼 사람대접받는 기분이었다. 제한 송전에 제한 급수 등으로 일상이 통제되고 자정이 되어 통행금지 경보가 울리면 통행이 멈추던 시절에 표만 사면 내 자리가 보장되는 이변이 일어났다. 당시 자유당 정부의 최대 치적이라고도 했다.

삶 또한 작은 몸 하나 앉고 누울 자리가 턱없이 부족했다. 다행스럽게도 출근하면 내 자리가 있었다. 집에 오면 이불 펴고 개고 밥 먹고 옷 갈아입는 단칸방에서 내 자리는 불분명했다. 사글세 단칸방에서 네댓 번의 이사 끝에 전세방으로 옮겼다. 또 두세 번의 이사 끝에 두 칸 방을 얻어 어머니를 모셔 왔다. 또 세 너 번의 이사 끝에 내 집을 마련했다. 세 칸 방중에 한 칸은 세를 놓았으니, 말만 내 집이었다. 자식들이 하나둘 태어나고 직장에서 맨 앞자리에서 회전의자가 돌아가는 뒷자리에 앉을 무렵 집에도 침실과 거실 그리고 식탁에서 밥을 먹게 되면서 드디어 내 자리가 정해졌다. 이십여 년이 지나서야 직장과 집에서 자리 잡기에 성공한 셈이다.

이제부터는 자리 지키기에 몰두했다. 그러기 위해서는 열심히 일해서 실력을 인정받는 길밖에 다른 방법이 없었다. 주말도 반납한 채 일찍 출근하고 늦게 들어갔다. 윗분의 대소사도 챙기면서 이사할 때면 이삿짐 나르기는 기본이었다. 내 자식 졸업식에는 참석지 못해도 윗분 자녀 행사에는 빠지지 않고 눈도장을 찍었다. 시험 기간인 줄 알면서도 야간 근무를 하라고 했다. 따랐다. 평상시에도 툭하면 야근이었다. 대꾸 한 번 못 해보고 끙끙거리면서 속으로 삭였다. 그런 감정이 켜켜이 쌓여갔다. 그 무렵 몸이 불편했다.

직원의 중대한 실수로 연대책임을 지고 지방으로 발령을 받았다. 엎친 데 덮친 격이었다. 뜻하지 않게 두 집 살림하면서 주말이면 집에 왔다 갔다 했다. 몸은 몸대로 힘들고 생활비는 두 배로 들었다. 셋방살이할 때처럼 근검절약하는 생활을 또 해야 했다. 반짝하다가 구름 끼는 기간이 길고 길었다. 지방 근무하면서 소화도 잘 안 되고 머리도 자주 아팠다. 병원에서는 이상 없다고 했다. 그런데도 늘 불편했다.

남의 옷 빌려 입고 사는 것 같다. 가끔은 쉬는 시간을 갖고 싶다고 신호를 보내도 모르는 체했다. 남에게는 관대하면서도 자신에게는 인색하고 모질었다. 가뜩이나 약한 몸에 살이 붙을 날이 없었다. 그렇다고 해서 떵떵거리며 잘 살지도 못했다. 끼니 걱정 학비 걱정은 면했지만. 식구들에게 좋은 음식 배불리 먹이지도, 좋은 옷 입히지도 못했다. 너무나 평범한 소시민의 삶을 살기가 이다지도 힘들단 말인가.

한 직장에서 삼십 년 넘게 근무하다 정년을 맞았다. 나는 정장 대신 편안한 옷으로 갈아입고 돌아다녔다. 나를 돌보고 편들 사람은 나밖에 없음을 그제야 알게 되었다. 때 늦은 깨달음이었다. 자리란 영원한 것이 아니라 잠시 앉았다 일어나야 하는 것도 그때 알았다. "자리 있어요"라고 묻고 비어 있으면 앉으면 되는 것이 자리인 것을. 우리 집에 있는 내 자리도 언젠가는 다른 사람이 앉을 것임을 알게 되었다. 그런데 비워 주어야 할 시간이 다 되었네.